Orientierungen im Labyrinth der Seele

Vier Jahrzehnte im Dienst der psychischen Gesundheit

Text und Redaktion: Peter Pawlowsky

Bibliografische Information der Deutschen Bibliothek
Die Deutsche Bibliothek verzeichnet diese Publikation in der Deutschen Nationalbibliografie; detaillierte bibliografische Daten sind im Internet über http://dnb.ddb.de abrufbar.

Layout: branding&communication, Stefan Kern
Fotos: it´s you, visuelle Kommunikation, Francisco Cyhlar
Satz: Anton Grillberger
Druck: In-Takt

ISBN 10: 3-901409-87-4
ISBN 13: 978-3-901409-87-5

INHALT

5 **1 Das Netz pro mente**
Ein Netz. Eine Begleitagentur.
Ein Raum des Vertrauens.
Das *pro mente Wien* Leitbild

9 **2 Verschwiegene Krankheit**
Sturzflieger
Die Einsamkeit der Depression
Lebensrettung
Das ideale Opfer / *Ein Bericht von Elfriede Huldberg*
Philosophie, Psychiatrie, Poesie

23 **3 Unauffällige Erfolgsgeschichte**
Rückblick an den Anfang / *Von Raoul Schindler*
Chronik der Ereignisse: 40 Jahre kurz gefasst
Die Wurzeln der Psychiatriereform / *Ein Gespräch mit Raoul Schindler, dem Gründer von pro mente*
Der Revoluzzer Schindler / *Elisabeth Muschik erinnert sich*
Sie nannten ihn Traumtänzer / *Ludwig Schrittwieser erinnert sich*

47 **4 Absicht und Zufall**
Wittgensteins Neffe
Mein Paul Wittgenstein / *Von Ludwig Schrittwieser*
Umweg zum gewünschten Beruf / *Karl Dantendorfer*
Kopfüber hineingesprungen / *Elisabeth Muschik*
Praktikum und Zivildienst / *Rudolf P. Wagner*
Zuerst gar nicht interessiert / *Michael Felten*
Sich weiterbilden und den Hoffnungslosen helfen / *Elfriede Huldberg, Friedrich Härtl*
Wenn ich nicht gewesen wäre / *Gerlinde Jochum*
Psychiatrie und Gesellschaft / *Sabrina Scumaci*

57 **5 Lokalaugenschein**
Fasching im KOMM 24 / *Lebendiger Ursprung*
MAX oder die schräge Kochmütze / *Speisen an der Ringstraße*
Zentrum Grüngasse / *Auffangstation in Hoffungsfarbe*
Vernissage im Sonnensegel / *Die Kunst der Toleranz*

73 **6 Rekonvaleszenz der Seele**
Die Psychiatrie von gestern / *Ludwig Schrittwieser hat sie erlebt*
Die Wende in Zahlen / *Karl Dantendorfer erinnert sich*
Sozialbegleitung / *Im Gespräch mit Bettina Arbesleitner*
Vier Fragen zur Sozialbegleitung / *Von Stefanie Pascher*
Auf der Suche nach einer Partnerin / *Gerlinde Jochum über drei Klienten*
Trainingshilfe: Start vor 20 Jahren / *Von Elisabeth Muschik*
Der erste Fall – der erste Erfolg
Trainingshilfe heute / *Im Gespräch mit Renata Gach*
Arbeitsintegration / *Im Gespräch mit Sabrina Scumaci und Thomas Wick*
Betreutes Wohnen / *Im Gespräch mit Alexandra Stockinger*
Gruppenangebote / *Im Gespräch mit Christina Hofmann und Karoline Schmidl*
Atempause: *Urlaub – Erholung – soziales Kompetenztraining*

93 **7 Ende der Isolation**
Selbsthilfeorientierte Projektarbeit / *Im Gespräch mit Gerhard Oberenzer*
Überlegungen vor der Teilnahme an einer Selbsthilfegruppe / *Von Rita Eder*
12 Grundregeln für Selbsthilfegruppen
Das Sonnensegel / *Im Gespräch mit Donat Grzechowiak und Birgit Lurz*

105 **8 Die Zukunft der Gesundheit**
Ein Ausflug in die *pro mente* Akademie / *Im Gespräch mit Andreas Schwab*
Gesundheit am Arbeitsplatz
Produktiv, effizient, sozial: *Die Führungscrew analysiert die Lage*
Im Gespräch mit Karl Dantendorfer, Rudolf P. Wagner, Michael Felten und Elisabeth Muschik

121 **9 Alles, was Sie über pro mente wissen müssen**
Aufbau und Gliederung des Vereins
Das *pro mente* Team
Der *pro mente* Vorstand
Angebote und Anlaufstellen
Soziale Integration: *Maßnahmen gegen die Isolation*
Gruppenangebote: *Leben lernen in der Freizeit*
Teilbetreutes Wohnen: *Nicht allein und doch zu Hause*
Selbsthilfeorientierte Projektarbeit: *Einander Hilfe sein*
Arbeitsintegration: *Wiedereinstieg in den Beruf*
Sonnensegel: *Heilkraft der Kreativität*
pro mente Akademie: *Bildung für Gesundheit*
Spenden – Fördern – Helfen

1 Das Netz pro mente

Was Sie in diesem Buch finden: Was *pro mente* will, was es nach vier Jahrzehnten zu feiern gibt. Woraus sich das Buch zusammensetzt: aus Interviews, Berichten, Dokumenten, Reportagen. Wer aller mitgeschrieben hat, ungenannt oder namentlich, durch das Eingeständnis der Krankheit und den Willen zum Überleben.

Ein Netz. Eine Begleitagentur. Ein Raum des Vertrauens.

pro mente ist alles Mögliche: Ein Verein, eine Organisation, eine Arbeitsgemeinschaft, ein Zentrum für ehrenamtliche Arbeit. All das ist *pro mente,* um das Eine und Wichtigste sein zu können: Ein Netz, in das Menschen fallen können, die sonst niemand auffängt: die so genannten Geisteskranken, die psychisch Kranken, die Psychiatrie-Erfahrenen, die aus der Hand der Ärzte entlassen werden, aber nicht wissen, wohin sie gehen sollen. *pro mente* ist eine Begleitagentur auf dem Weg zum Überleben nach der Krise, zur Integration in die Gesellschaft derer, die sich für normal halten, vielleicht auf dem Weg zur Heilung. *pro mente* ist ein Raum des Vertrauens, in dem niemand seine psychischen Krisen vertuschen muss, um für stark und leistungsfähig angesehen zu werden. In diesem Raum werden verfinsterte Seelen aufgehellt, wachsen verschüttete Kräfte, blüht eine neue Kreativität.

In diesem Buch erfahren Sie alles über *pro mente.* Seit 40 Jahren wird Psychiatrie-Erfahrenen geholfen und helfen sie sich selbst. Hieß der Verein ursprünglich *pro mente infirmis,* also für die geistig Schwachen oder Schutzlosen, so hat sich doch schnell herausgestellt, dass die angeblich Schwachen ziemlich stark sind und die angeblich Schutzlosen sich sehr wohl verteidigen können, wenn man sie nicht daran hindert. *infirmis* ist weggefallen, weil es die Wahrheit verschleiert und denen Recht geben könnte, die psychisch Kranke noch immer am liebsten einsperren würden.

Eine von der Weltbank und der Weltgesundheitsorganisation in Auftrag gegebene Studie prognostiziert, dass im Jahre 2020 unter allen Krankheiten – also die körperlichen mitgerechnet – die Depression am häufigsten für krankheitsbedingte Alltagsbehinderungen verantwortlich ist, und eine kürzlich für die europäische Region der Weltgesundheitsorganisation publizierte Analyse für das Jahr 2000 führt unter den zehn am häufigsten für Alltagsbehinderungen verantwortlichen Krankheiten allein vier psychische Störungen auf (Depression, Alzheimer und andere Demenzerkrankungen, Alkoholmissbrauch und Selbstverletzungen).

Trotz seiner gut dokumentierten großen Bedeutung wird das Gebiet der psychischen Gesundheit aber heute bestenfalls vernachlässigt, schlimmstenfalls durch Stigmatisierung und Diskriminierung ins Abseits gedrängt.

aus dem Österreichischen Psychiatriebericht 2004

Dieses Buch belegt, dass eine so veraltete Meinung keine Chance mehr hat. Hier erzählen Betroffene bereitwillig von ihren Krisen und wie sie mit ihnen fertig geworden sind. Hier erfahren Sie von Schicksalen, die ohne das Netz von *pro mente* einen tödlichen Ausgang genommen hätten. Hier belegen Dokumente die Heilungskraft der Selbsthilfegruppen. Und hier schließlich führen Sie Berichte und Reportagen zu einigen Orten und Ereignissen der 40jährigen Erfolgsstory von *pro mente*.

Wer sich in die Geschichte und Arbeitsweise von *pro mente* vertieft, wird mit Krisen konfrontiert und gewinnt Einblick in seelische Abgründe. Man könnte also meinen, was vor Ihnen liegt, wäre ein Buch zum Fürchten. Erstaunlicherweise ist das Gegenteil der Fall. Sie haben ein Trostbuch in der Hand. Jeder „Fall“ ist ein sicherer Beweis für die Ohnmacht des Schicksals gegenüber dem Lebenswillen der Menschen, wenn sie einander nicht im Stich lassen. *pro mente* zündet Laternen an für die, die im Dunklen unterwegs sind, damit niemand den Heimweg verfehlt.

Das *pro mente Wien* Leitbild

1 *pro mente Wien* ist die Gesellschaft für psychische und soziale Gesundheit. Sie besteht seit 1965.

2 Wir fördern psychische und soziale Gesundheit durch Information, Prävention und Rehabilitation.

3 Wir schaffen Integration und Angenommen-Sein für Menschen mit psychischen Erkrankungen.

4 Wir begleiten Menschen in seelischen Krisen, während und nach psychiatrischer Behandlung.

5 Wir bieten persönliche und individuelle Hilfe zur Selbsthilfe.

6 Wir fördern ehrenamtliches Engagement.

7 Wir leisten soziale, psychologische, medizinische und wirtschaftliche Hilfe zur Unterstützung der Betroffenen bei der Verbesserung ihrer Lebensqualität und ihrer gesellschaftlichen Situation.

8 Wir entwickeln das Angebot nach dem Bedarf unserer KlientInnen und nutzen dabei die wissenschaftlichen Erkenntnisse der Sozialpsychiatrie und Erfahrungen unserer ehrenamtlichen und hauptamtlichen MitarbeiterInnen.

9 Wir sichern Qualität und Innovation unserer Dienstleistungen durch regelmäßige Fort- und Weiterbildung aller MitarbeiterInnen.

10 Wir treten aktiv und öffentlich für gesellschaftliche Akzeptanz von Menschen mit psychischen Erkrankungen ein.

11 Wir führen die gemeinnützige Dienstleistungsorganisation *pro mente Wien* nachhaltig sozialökonomisch.

12 *pro mente* Wien handelt konfessionell ungebunden und unabhängig von politischen Parteien.

2 Verschwiegene Krankheit

Worüber meist nur hinter vorgehaltener Hand geredet wird, das wird hier offen ausgesprochen: Lebensgeschichten mit Angst und Depression, mit manischen Höhen und tiefen Abstürzen, nach Drogen, Alkohol, Selbstmordversuchen, in der Psychiatrie und außerhalb. Von der Notwendigkeit der Medikamente und dem Nutzen der Psychotherapie.

Sturzflieger

„Mein Name ist Rita E.", sagt sie, „und ich bin 44 Jahre alt." Sie sitzt da, eine attraktive Frau, das blühende Leben, ein Bild der Stabilität. Mit zwanzig hat es begonnen. Aufgewachsen in einem kleinen Ort in der Obersteiermark, dann nach Graz zum Studieren. Das war die Identitätskrise, dazu Haschisch und LSD. Sie ist „weggeschwemmt worden", nennt sie es. Damals ist ihre manisch-depressive Krankheit ausgebrochen.

Hat sie sich aus der Krise herausarbeiten können? Was heißt aus *der* Krise? 34 Krisen waren es seither. Vier Jahre ist sie aus dem Taumel nicht herausgekommen: acht Wochen Manie, sechs Monate Depression, zwei Monate normal. Dann scheint ein Medikament die Rettung zu sein. Vier Jahre ohne Rückfälle, sie lernt ihren Mann kennen, die beiden wollen ein Kind. Kommt das Leben in normale Bahnen? Aber keine Schwangerschaft unter diesem Medikament; es wird abgesetzt, und alles beginnt von vorne. Seither konnte sie ihren Zustand nie wieder für längere Zeit stabilisieren.

Sie wusste nicht, wie ihr geschah, sie war das Opfer ihrer Krankheit. Kann ein kranker Mensch auch etwas anderes sein, als ein Opfer? Erst nach 15 Jahren hat sie eine Psychotherapie begonnen. „Ich bin mir langsam auf die Schliche gekommen. Ich hab mich inzwischen sehr gut kennen gelernt." Mit Erfolg. Im Jahr 2000 gelang der Durchbruch. Zum ersten Mal ist es ihr gelungen, eine Manie abzufangen, die gerade hochfahren wollte. Nach drei Tagen war es vorbei. „Es geht ganz leicht, wenn man will."

Aber will man denn? Es sind Fluchtversuche ins vollkommene Glück. Der manische Zustand ist das Nonplusultra an Lebensgefühl. Es gibt nichts im Normalleben, das ihm gleichkäme. Jeder Maniker sehnt sich im Grunde nur noch in diesen Zustand hinein und kommt mit dem normalen, schalen Leben nicht mehr zurecht. Aber die Manie bleibt nicht, kann nicht dauern, ihr folgt der Absturz in die Hölle tiefster Depression. Ein Viertel der Manisch-Depressiven begeht in diesem Zustand Selbstmord.

„Ich, Rita E., habe immer noch Rückfälle. Aber ich bin nicht mehr nur das Opfer. Das Wichtige für mich ist es, mit Hilfe von Therapien einen Ersatz für meine manischen Fluchtversuche zu finden, wie ein Alkoholiker Ersatz für den Alkohol finden muss, um die Anforderungen des Alltags auszuhalten."

Rita E. wollte mit Betroffenen reden. Sie hat in *pro mente* eine Selbsthilfegruppe gegründet. „Wir lernen unglaublich viel voneinander", sagt sie. Da ist nicht mehr jeder „in seinem eigenen Film". Die Gruppe hat einen Namen, aus dem etwas von der Distanz zur Krankheit herauszuhören ist: „Sturzflieger" nennen sie sich und wollen einander beim Abflug Ballast sein und die Abstürze mildern.

Wandertrieb der Seele

Er stammt aus Wien, war Möbeldesigner und Einrichtungsberater, hat ein wenig gezeichnet und gemalt, als Hobby. Kreativität war ihm nicht abzusprechen, aber eine innere Unruhe machte sich früh bemerkbar. Wandertrieb nennt er es: zu Fuß von Wien nach Horn. Aber warum hier, wo es kalt ist? 1989 wurde er krank. „Ich hab kein Attest von damals, ich kann nur davon reden, wie es mir gegangen ist", sagt er; später nannten es die Ärzte eine paranoide Psychose. Im Jahr darauf verlegte er seinen Wandertrieb ins wärmere Griechenland, von Frau und Kindern getrennt, zuerst nach Kreta. „Ich bin Tag und Nacht gegangen, hab kaum geschlafen, kaum gegessen."

Mit 22.000 Schilling ist er aufgebrochen, nach acht Monaten war das Geld zu Ende. „Mir haben 300 Schilling zum Zhausfahren gefehlt." Hat sie ihm niemand geben können? Erst viel später, am Ende der dunklen Jahre. Er kam noch zurück nach Athen. Dort hat er sieben Jahre als Bettler gelebt. „Ich hab mit niemandem gesprochen, ich hab kein Geld genommen, kein Gwand, keine Schuh, nur Essen und Trinken." Sieben stumme Jahre, in der sich die Krankheit der Seele zu einer Schizophrenie auswuchs. Er erzählt von Geistern, mit denen er im Kontakt stand, von Stimmen, die ihn bedrohten. „Ich hab um mein Leben gebangt." Das Eingebildete war real geworden. Die Todesangst, auf grausame Weise umzukommen, setzte ihn unerträglich unter Druck.

Dann, 1997, ist er zur österreichischen Botschaft gegangen, hat seinen Namen genannt und sich auf die Frage, ob er noch Verwandte in Wien hat, an seine Mutter erinnert. Gott sei Dank, sie lebte noch. „Ich hatte eine vage Erinnerung, wo sie zu Hause war, wusste noch die Straße, die Hausnummer nicht mehr." Auf der Botschaft haben sie das alles überprüft, haben ihn in einen Flieger gesetzt und nach Hause geschickt.

Was macht ein Bettler in Athen, der nicht schlafen kann? Er trinkt. „Ich hatte keine Medikamente", sagt er, „also hab ich das abends zum Einschlafen mit Alkohol wettgemacht. Aber man hat mir nichts angesehen, ich war immer Herr meiner Sinne und meines Körpers." In Wien war dennoch eine Entziehungskur fällig, und die späte ärztliche Diagnose lautete: paranoide Schizophrenie.

Dann die üblichen Stationen: Arbeit in der Buchbinderei auf der Baumgartnerhöhe, zwei Jahre Arbeitstherapie im KOMM 24 von *pro mente*. Das hat ihm nicht besonders gefallen. „Ich weiß nicht, ob das Depressionen sind, wenn ich mich schlecht fühle. Ich bin nicht traurig, ich bin nicht lustig, ich leb' in der Mitte." Das Durchleben der Psychose hat eine Fülle von Erfahrungen gebracht. „Ich habe dabei gelernt, wollte lernen, bin durch verschiedene geistige Gegenden gegangen und bin jetzt praktisch wieder zurückgekehrt." Bedeutet das Heilung? Können solche Erfahrungen abgelegt, vergessen werden, als wären sie nie gemacht worden? Kommen sie in Schüben wieder? „Nein", sagt er, „sie sind ständig da. Ich lebe damit. Aber es behindert mich nicht mehr."

Bis dahin gehen manche Schicksale, und nicht weiter. Er hat sich seines alten Hobbys entsonnen und hat zu malen begonnen. Elisabeth Muschik hat seine Bilder gesehen und sie im Café Max ausgestellt. Damit hat ein neuer Lebensabschnitt begonnen, denn Donat Grzechowiak war davon begeistert. Eine Ausstellung im „Sonnensegel" folgte, und heute ist er fast jeden Tag da, vertritt Grzechowiak, den Leiter, und bringt den Anfängern die Technik des Aquarellierens bei. Von denen, die schon perfekt sind, lernt er selbst dazu. „Ein glückliches Zusammenspiel", nennt er es.

Ist das Sonnensegel seine neue Heimat? „Athen war meine Heimat. Die Stadt ist ein Tumult, ein Wahnsinn." Und Wien? „Ich war entzückt von jeder Hausfassade, als ich zurückgekommen bin." Aber Heimat? Haben Sie Griechisch gelernt? Wie denn – er hat doch sieben Jahre lang geschwiegen. Die Stimmen in ihm waren am Wort.

Die Europäische Dimension

Die psychische Gesundheit der EU-Bevölkerung ist stark verbesserungsbedürftig:

- Psychische Erkrankungen betreffen jeden vierten Bürger. Sie können zu Selbstmord führen, der in Europa zu viele Leben kostet.
- Psychische Erkrankungen verursachen erhebliche Kosten und belasten das Wirtschafts-, Sozial- und Bildungssystem sowie das Strafverfolgungs- und Justizsystem.
- Nach wie vor kommt es zu Stigmatisierung, Diskriminierung und Missachtung der Menschenrechte und der Menschenwürde psychisch kranker und geistig behinderter Menschen. Dies stellt europäische Grundwerte in Frage.

*

Mehr als 27 % der erwachsenen Europäer leiden Schätzungen zufolge mindestens einmal im Leben unter psychischen Störungen.
Die verbreitetsten psychischen Störungen in der EU sind Angst und Depression. Man rechnet damit, dass bis zum Jahr 2020 Depressionen in den Industriestaaten die zweithäufigste Ursache von Erkrankungen sein werden.
Zur Zeit sterben in der EU etwa 58000 Bürger jährlich durch Selbsttötung. Dies übertrifft die Zahl der jährlichen Todesfälle durch Straßenverkehrsunfälle, Tötungsdelikte und HIV/AIDS.
Es besteht eine enge Wechselwirkung zwischen psychischen und körperlichen Erkrankungen.
Die Integration der psychischen Gesundheit in die stationäre Behandlung in Krankenhäusern kann demzufolge die Hospitalisierungsdauer erheblich verkürzen und dadurch Kosten einsparen helfen.

Aus dem „Grünbuch" der Europäischen Kommission zur Psychischen Gesundheit, 2005

Die Einsamkeit der Depression

Gerhard O., Fahrdienstleiter, Betriebsüberwacher, dann im Arbeitnehmerschutz, weil er vom Nachtdienst weg wollte. Vor zehn Jahren in der Sackgasse: „Entweder oute ich mich, ich hab die Krankheit, denn ich schaff die Arbeit nicht, wie es sein sollte, oder ich bring mich um.“ Er hat das Leben gewählt.

Die Krankheit. Schon bevor er in die Schule kam, hatte er massive Angstzustände. „Mein Start ins Leben begann damit, dass ich als ein hässliches Kind galt. Sehr bald bin ich in eine Traumwelt geflüchtet, um der Realität zu entkommen.“ Mit zwölf wollte er sich das erste Mal aufhängen. Nur Angst und Depression. Ein Versuch, mit der Mutter darüber zu sprechen, schlug fehl. Auch sie hatte keine schöne Kindheit, sie war in der Nähe von Znaim aufgewachsen, wurde mit 14 Jahren vertrieben: Renn davon, oder du wirst umgebracht. „Ich glaube, sie hat mir ihre Angst unbewusst weitergegeben. Sie hat das Beste gewollt und das Schlechteste daraus gemacht.“ Die Depression macht einsam, das Schweigen kostet Kraft. Der erste Mensch, mit dem er wirklich reden konnte, war seine Frau. Seit 24 Jahren ist sie an seiner Seite.

Wie einfach ist es doch, Fieber zu haben, eine anständige Grippe, Durchfall oder Halsentzündung. Jeder wird verstehen, dass man nicht aus dem Haus geht. Aber eine Depression? Nimm dich zusammen! Du wirst doch noch die paar Schritte zum Supermarkt schaffen! Was soll das für eine Krankheit sein, die einem eine unmenschliche Kraftanstrengung abfordert aufzustehen, das Haus zu verlassen, einzukaufen?

Eines Tages hat er es draußen nicht mehr ausgehalten und ist freiwillig in die Psychiatrie gegangen. Ein geschützter Bereich, Tabletten morgens, mittags, abends, dann und wann ein Gespräch. Es war notwendig, „aber die wichtigste Erfahrung, die ich drin gemacht hab, war, dass ich nie wieder hinein möchte.“

Die Pensionierung sollte ihn erlösen: Endlich 24 Stunden zur freien Verfügung – kein Stress, keine Krankheit. „Das war’s leider nicht, im Gegenteil. Ich bin ins Bodenlose gefallen, weil ich keine Aufgabe hatte.“ Er macht sich auf die Suche nach einer neuen Therapie und findet endlich den richtigen Psychotherapeuten. „Er hat mir beigebracht, dass ich mir selber helfen kann.“ Krisen gibt es noch immer; aber heute weiß er, dass er aus jeder gestärkt hervorgegangen ist.

In einer Volkshochschule ist ihm ein Zettel über Selbsthilfegruppen in die Hände gefallen. Zwei Jahre lag er unbeachtet in der Schublade. Heute leitet er das Selbsthilfeprojekt von *pro mente*. Er hält Vorträge, er bekennt sich zu seiner Krankheit, und er bekennt sich dazu, dass es möglich ist, mit ihr zu leben.

Lebensrettung

Ich sitze ihm im KOMM 24 gegenüber. Ein Mann mit Kraft, aber einem verschlossenen Gesicht – ein Gesicht von früher, wie sich herausstellt. Er ist als Musiker in ganz Europa herumgekommen. Gitarre, Saxophon, Trompeten und Schlagzeug waren seine Instrumente, und gesungen hat er. Dann war er selbständig in Tirol und Salzburg und wollte es 1999 noch einmal in Wien versuchen. Gastronomie war sein Fach, und mit einer Diskothek sollte es gelingen. Aber das Kapital fehlte, die Schulden wuchsen. „Ich hab mein ganzes Leben immer gearbeitet, aber mit 56 ..." Er war zu stolz, um aufs Sozialamt zu gehen. Eine Familie gab es nicht, zur Tochter in Deutschland fehlt jeder Kontakt. Die Spirale drehte sich schneller. „Ich hab alles verkauft und im Hinterkopf war schon der Gedanke da, mich umzubringen."

Der Selbstmord war „ziemlich gut vorbereitet", wie er erzählt. Die Tabletten reichten aus, er war sechs Tage bewusstlos. Wie kann man das überleben? Als er aufwachte, lag er in seinem Erbrochenen, irgendwann muss er sich übergeben und einen Teil des Giftes ausgespieen haben. Er blieb liegen, einen ganzen Tag lang. „Ich war einfach zu feig, um aus dem Fenster zu springen." Das war die Wende. Der Mann, der immer alles mit sich selbst ausgemacht hatte, wollte sich helfen lassen. Mit der Straßenbahn fuhr er in die Psychiatrie.

Das war für ihn von Anfang an ein unglaubliches Erlebnis. „Mir sind die Leute – Ärzte, Schwestern, Pflegepersonal – mit einer derartigen Hilfsbereitschaft entgegengekommen, wie ich das überhaupt nicht gewohnt war." Die Erfahrung, dass es möglich ist, sich helfen zu lassen, hatte er sein Lebtag nicht gemacht. Vielleicht ist ihm davon das verschlossene Gesicht geblieben, hinter dem sich heute eine große Offenheit verbirgt. Gruppentherapie: Mit anderen, vor anderen über sich reden – wer hätte gedacht, dass das möglich ist? Er besitzt absolut nichts mehr. Als er um Einzeltherapie bittet, gibt ihm der Psychotherapeut die Chance, ohne nach der Bezahlung zu fragen. Heute nennt er ihn seinen „Lebensretter".

Das war im September 2001. Aber was tun nach der Entlassung im Oktober? Daheim zu sitzen wäre tödlich. Also begann er eine Arbeitstherapie in der Tischlerei der Baumgartner Höhe, für sieben Monate fährt er täglich aus dem 12. Bezirk dorthin, arbeitet mit Holz, was er noch nie gemacht hatte. Wieder was Neues, und er schätzt es bis heute. Schließlich erinnert er sich aber an seine gastronomische Vergangenheit, eineinhalb Jahre kellnert er im MAX, und 2003 übernimmt er das KOMM 24. Er hat den müden Betrieb auf Trab gebracht, den Umsatz um 100 Prozent gesteigert. Eine „Erfolgsstory" nennt er es, und meint das Beisl im Pavillon 24; aber eigentlich ist es seine eigene Erfolgsstory – die Erfolgsstory des verhinderten Selbstmörders, der sich aufgegeben hatte, der durch den Tod gegangen war, ehe er sich helfen ließ, und der heute für seine Rettung dankbar ist.

Das ideale Opfer

Ein Bericht von Elfriede Huldberg

Heidi tauchte eines Tages als „Freundin" von Manfred auf. Das war ein junger Mann aus der Gruppe, die wir betreuten. Die junge Frau war auffallend ordentlich und reinlich. Sie verhielt sich selbstsicher und wirkte doch gleichzeitig so seltsam unbeholfen und ausgeliefert. Sie arbeitete als Putzkraft. Die Stelle hatte ihr ihre Fürsorgerin besorgt, nachdem sie aus dem Jugendheim entlassen worden war. Sie lebte in einem Substandardhaus in einer Billigstwohnung der letzten Kategorie mit Gemeinschafts-WC am Gang.

Wir boten ihr ganz einfach an, was wir zu bieten hatten: Verlässlich für sie da zu sein, Rat und Hilfe, und so weit wie möglich dafür Sorge zu tragen, dass sie sich in unserem Kreis wohl fühlen konnte. Heidi war gern bei uns. Unsere Gruppe fuhr sogar gemeinsam mit ihr auf Urlaub. Wenn der Bus in die Nähe unseres Ziels kam, wurde sie, erfüllt von freudiger Erinnerung, ganz aufgeregt und fing zu singen an.

Dann plötzlich: Ohne Vorwarnung war Heidi ein anderer Mensch. Sie demonstrierte uns sehr kränkend, dass wir für sie nicht mehr vorhanden waren. Sie hatte ein Ehepaar getroffen, bei dem auf den ersten Blick klar war, dass sie von denen nichts Gutes zu erwarten hatte. Heidi umwarb sie wie ein Kind seine Eltern. Sie war völlig weggetreten vor Entzücken. Die beiden duldeten ihre Annäherung so lange, bis ihr Sparbuch leergeplündert war, dann schüttelten sie die lästige Bekanntschaft ab. Heidi kam etwas zerrupft zu uns zurück, war aber völlig unfähig zu erkennen, wie schäbig sie ausgenutzt und fallen gelassen worden war. Noch heute umarmt sie die beiden, aus tiefstem Herzen vor Freude strahlend, wenn sie zufällig auf der Straße vorbeigehen. Ihre Gefühle passen nicht zur Realität.

Das kleine Kind Heidi hätte nicht überlebt, wenn es gefühlsmäßig erkannt hätte, dass ihre Eltern sie mies behandelten. Der Preis für dieses Überleben war, dass sie heute wehrlos ist, wenn sie mies behandelt wird, aber auch nur eingeschränkt erkennen kann, wenn sie sich selbst nicht richtig verhält.

Heidi bekam immer wieder Probleme an ihrem Arbeitsplatz. Wir verfassten unzählige Bewerbungsschreiben, weil sie nicht lesen und schreiben kann. Wir begleiteten sie zu Vorstellungsgesprächen, allein hätte sie nicht hingefunden. Infolge ihres skurrilen Verhaltens verlor sie immer wieder ihre Stelle. Sie hatte z. B. bei einem Arbeitsplatz die Toiletten zu vollster Zufriedenheit gereinigt. Eines Tages verwehrte sie Benützern den Eintritt mit der Begründung, diese würden die Toilette nur wieder verschmutzen. Irgendwann wurde sie beim Arbeitsamt als nicht vermittelbar eingestuft.

Sie hat eine Seite in sich, die liebevoll und fürsorglich ist. Sie hätte gern eine Familie und Kinder gehabt. Was macht man, wenn man niemandem mehr restlos vertrauen und keine echten Bindungen mehr eingehen kann? Den leeren Platz in Heidis Herzen haben Tiere eingenommen. Erst hatte sie einen Hund, der sie überallhin begleitete, und dann nahm sie Katzen auf. Sie hatte schon einmal außer ihrem Hund zehn Katzen und zwei Ratten, die sie unter Opfern tadellos versorgte.

Eines Tages rief sie mich an und bat mich, für ihren Hund und ihre Katzen zu sorgen. Sie sei überfallen worden. Ich fuhr sofort ins Krankenhaus, um ihre Wohnungsschlüssel zu holen. Sie lag einbandagiert in weißen Kissen. Ihre Haut war überall blau gefleckt. Ein Mann hatte sie zu einem Kaffee eingeladen und folgte ihr dann in die Wohnung. Dort fiel er über sie her. Der Mann würgte sie mit dem Telefonkabel, bis sie sich nicht mehr rührte, und begrub ihren leblosen Körper unter Decken und Tüchern. Heidi kam wieder zu Bewusstsein, weil ihr Hund verzweifelt versuchte, die Decken wegzuscharren.

Es erscheint mir unaufrichtig, zu behaupten, dass Heidi den Überfall erstaunlich gelassen wegsteckte. Der Täter wurde gefasst, Heidi konnte ihre Aussage unter Ausschluss der Öffentlichkeit machen. Sie ist das ideale Opfer. Irgendwie scheint sie nicht wahrzunehmen, dass sie mit ihrem Verhalten und ihrem Körper einen Mann sexuell erregen kann. Es umgibt sie eine seltsame Aura kindlicher Unschuld. Sie kann auch nicht erkennen, ob ein Mann Vertrauen verdient, oder Signale entschlüsseln, die eine andere Frau als bedrohlich einstufen würde. Einmal erzählte sie so nebenbei: „Meine Stiefschwestern und meine Stiefmutter waren sehr nett. Meine Stiefmutter hat auch getrunken, aber das hat nichts gemacht. Wenn mein Vater betrunken heimgekommen ist, dann ist er über uns Mädchen ‚drübergegangen'. Aber meine große Schwester, die hat sich das nicht gefallen lassen. Die ist zur Polizei gegangen. Er ist ins Gefängnis gekommen, ein paar Jahre lang. Ich war im Spital. Da war es schön." Und dann, einen Augenblick später, meint sie, der wieder entlassene Vater könnte plötzlich vor ihrer Tür stehen – und sie wird weiß bis in die Lippen.

Heidi wollte umziehen. Sie hatte seit dem Überfall ein unangenehmes Gefühl, wenn sie ihre Wohnung verlassen musste, um die Gemeinschaftstoilette auf der anderen Seite des Ganges aufzusuchen. Sie kündigte ihre alte Wohnung kurzfristig. Um die größte Chance ihres Lebens nicht zur größten Katastrophe werden zu lassen, entschloss ich mich, Heidis Umzug zu organisieren. Dabei konnte ich von ihr keine Hilfe erwarten, nur zusätzliche Probleme.

Die Jahre sind fast unbemerkt an uns vorübergegangen. Als ich nach einer Operation in die Intensivstation musste, besuchte mich Heidi. Sie ist gern in Spitälern. Da fühlt sie sich sicher und geborgen. Sie wirkte seltsam befreit und glücklich und schickte die Krankenschwestern herum. Sie redete ohne Pause genau zwei Stunden und vier Minuten: von ihrem Leben, von ihren intelligenteren, gesunden Geschwistern, und davon, dass sie als einziges der Kinder ihr Leben als erfüllt und gelungen betrachte. Es gibt Sternstunden im Leben jedes Menschen, auch in meinem, deren Bedeutung ich oft erst nach Jahren begriffen habe. Ich vergaß Intensivstation, Angst und Schmerzen und habe mich gefreut.

Beim Arbeitsamt galt sie als nicht vermittelbar. Berufsunfähigkeitspension erhielt sie aber auch nicht, da galt sie wieder als zu gesund. Das ging, wie gesagt, über zehn Jahre so. Heidi reichte ein paar Mal um Berufsunfähigkeitspension ein, wurde aber immer wieder abgewiesen. Bei der fünften Ablehnung beschloss ich, die Gründe dafür zu analysieren, besonders weil sie ein Arzt als Simulantin klassifiziert hatte. Als erstes wurde mir klar, dass Heidi sich höchstens als körperlich erkrankt erlebte, aber sich nicht als psychiatriebetroffen begriff. Das Ärgste aber war, dass ich inzwischen ebenfalls so betriebsblind war, dass ich Heidi im Laufe der Jahre so völlig mit allen Schwächen akzeptiert hatte, dass ich ihre psychotischen Verhaltensweisen höchstens noch gelegentlich als lässliche Unart wahrnahm. Ich beschloss Heidis nächstem Antrag auf Berufsunfähigkeitspension einen Kommentar über meine Erfahrungen während zwanzig Jahren Bekanntschaft und während zehn Jahren als ihre Sozialbegleiterin beizulegen, begnügte mich aber letztlich damit, zu erklären, dass Heidi infolge der sozialen Betreuung durch *pro mente* einen wesentlich besseren Eindruck mache, als Personen mit vergleichbarem Gesundheitszustand. Jetzt hat sie ihre Pension. Endlich keine Geldsorgen mehr!

Heidi freundete sich mit den Nachbarn, einem gleichaltrigen Ehepaar, an, die ihr gegenüber wohnten. Die Nachbarin war einkaufen gegangen und konnte mit der Einkaufstasche nicht mehr weiter. Heidi fühlte mit der ihr eigenen, spontanen, unhinterfragten Herzensgüte, dass sie in Not war, und trug ihr die Tasche heim. Sie war von dem Tag an für die Frau da.

Eines Tages mussten die Ärzte der Nachbarin sagen, dass jeder Tag, den sie noch leben durfte, ein Geschenk sei. Heidi brachte Sonnenschein in diese letzten Tage. Mit Tod, Verzweiflung, Schmerz, Unzulänglichkeit und Leere war sie vertraut. Die naive Selbstverständlichkeit, mit der sie den Schattenseiten des Lebens begegnete, war nicht gespielt. Der Nachbar ist vom Land. Er ist, wie ein Städter sich einen Bauern vorstellt: einfach, ehrlich, echt, verlässlich und geradlinig. Wie er vor dem Altar gelobt hatte: "In guten und in schlechten Tagen, bis dass der Tod euch scheidet“, war er seiner Frau bis zur letzten Stunde ein braver Ehemann. Sie hatten keine Kinder. Die Verwandten wohnen weit weg. Als er seine Gefährtin, mit der er sein Leben geteilt hatte, begraben musste, war Heidi an seiner Seite. Sie nahm den leeren Platz in seinem Herzen mit der Selbstverständlichkeit eines Kindes in Besitz. Der Mann weiß durchaus um ihre Schwächen. Er hat im Laufe der Jahre meine Aufgabe übernommen, Heidis Schwächen so weit auszugleichen, dass sie ein weitgehend normales Leben führen kann. Er kocht sogar für sie. Einfach so.

Als ich Heidi das letzte Mal sah, war sie adrett angezogen, mit einem Strickjäckchen, das auf ihr sonderbar exzentrisch wirkte. Die Haare umrahmten mit einer flotten, frechen Frisur ihr vor Glück leuchtendes Gesicht. Rot strahlten ihre Lippen und ihre Bäckchen. Sie glühte wie eine Rose.

Vielleicht entlässt mich das Schicksal aus meiner Verantwortung für sie.

Philosophie, Psychiatrie, Poesie

„Ich hatte es immer schon eilig. Schon acht Monate nach der Zeugung kam ich 1944 zur Welt. Meine Mutter war Jüdin, mein Vater nach damaligem Sprachgebrauch ein so genannter Arier. Dass sie verheiratet waren, rettete vermutlich meiner Mutter das Leben. Fest steht, dass ich sehr früh mit extremen Ambivalenzen konfrontiert wurde.“ So beginnt E. K. seine Selbstbiographie. Er studierte in Wien Germanistik und Geschichte und war ein begeisterter Leichtathlet. Zehn Jahre war er als Habilitant der Philosophie unterwegs, hatte also Chancen, Dozent zu werden. Es war die Grundfrage menschlicher Existenz, die ihn umtrieb.

„Man wird geboren und weiß, dass man sterben muss.“ E. K. hatte Schwierigkeiten mit der condition humaine. „Mit dieser Tatsache schlag ich mich heute noch herum, gesteht er, „sie hat mich aber zu Zeiten dermaßen aufgeregt, dass ich versucht habe, diese Ohnmacht des Sterbenmüssens mit Allmachtsansprüchen zu kompensieren.“ Daraus ist eine Manie geworden. Ein anderer Hintergrund von E. Ks. psychischen Problemen: Er war ein Spätzünder, was den Kontakt zum anderen Geschlecht betrifft, und als er anfing auszugehen, lernte er, sich zu lockern: mit etwas Alkohol. Eine „Kommunikationshilfe“ nennt er es heute. Und seit er wusste, dass er sie braucht, wusste er auch, dass er abhängig war. Die Mengen steigerten sich, bis er einsah: Er musste abrupt zu trinken aufhören. Es gelang ihm auch, von 1970 bis 1975 war er trocken.

Der Eremit

Ich brannte auf zu einer Wunde groß,
die keine Kühlung fand und keinen Schoß,
darein zu tauchen;

so zog ich aus
in wüste Einsamkeit,
mein Dasein an mir selber
zu verbrauchen.

Ernst Kostal
in seinem Buch „An der Kreuzung der Augenblicke“

Aber er war sich nicht im Klaren, was Sucht bedeutet. Ein heißer Sommer in Salzburg, und er leistete sich ein Bier zum Essen. In zwei Wochen war er wieder bei einem Liter Schnaps pro Tag. Dann begriff er zwar, wie der Suchtmechanismus funktioniert, aber es brauchte lange, sich danach zu verhalten. Trotzdem: Der Alkohol war es nicht, der E. K. kippen ließ. „Ich halte mein Überschnappen für eine Alkoholentzugspsychose.“ Das war Anfang der 80er Jahre. E. K. mühte sich, seine Kommunikationsschwierigkeiten zu überwinden und geriet auf einmal in eine Stimmungslage, in der alle seine Probleme über ihm zusammenschlugen. „Ich war nur mehr Spielball meiner Stimmungen und Probleme und Emotionen.“

Was war ihm da passiert? „Ich bin dem Wahnsinn dankbar“, sagt er heute, „denn er hat mir den Zugang zum Bauch verschafft. Aber ich will nie mehr von ihm gebeutelt werden.“ Wenn man es verarbeitet, entsteht daraus so etwas wie Selbsterkenntnis. Nicht gleich. Die Psychiatrie war notwendig, aber nicht sehr hilfreich; nach drei Wochen wieder „auf freiem Fuß,“ versuchte er, ins Leben davor zurückzukehren. Er hatte sich eingebildet, er hätte seine Habilitationsarbeit unter Dach und Fach, er hatte ja schon sehr viel geschrieben. Als er sich’s anschaute, war der Schrecken groß: „Um Gottes Willen, da war ich ja komplett übergeschnappt.“ Nichts davon war zu gebrauchen. Da ist ihm erst klar geworden, dass er „wahnsinnig war“. Über eine Selbsthilfegruppe hat er allmählich eine neue Lebensperspektive gefunden. Im Trialog von Psychiatrieerfahrenen, Angehörigen und Professionellen lernte er Elisabeth Muschik kennen. Sie schreckte sich nicht vor seinen Kontakten zur Antipsychiatrie und interessierte sich für seine Lyrik. Er war wieder einmal auf Entzug und da erreichte ihn die Einladung, eine *pro mente*-Selbsthilfegruppe zu machen. Das tut E. K. bis heute: „Aktiviert statt alkoholisiert“ heißt die Gruppe und geht von der Idee aus, dass man so viel Freude an künstlerischen und anderen Beschäftigungen haben muss, dass man auf den Alkohol vergisst.

E. K. ist Mitglied der Grazer Autorenversammlung, bekam zweimal den Dr. Theodor-Körner-Preis und hatte es als Wettkampfathlet in den sechziger Jahren bis ins österreichische Nationalteam geschafft. Heute ist ihm sein achtjähriger Sohn das Wichtigste im Leben – und seine Poesie. Er schreibt Gedichte und notiert Aphorismen in einem Heft, das er immer bei sich trägt. Vielleicht schreibt er einmal eine längere Prosa. Und nicht zu vergessen: Das „Eigensinn-Theater“ ist seine Leidenschaft. Auch dort sind Psychiatrieerfahrene mit dabei, und es stellt sich heraus, dass die Unterschiede gar nicht so groß sind …

Diagnose

Die Ruhe- und Ordnungszwangsneurose
die Wachstumspsychose
die Kosten-Nutzen-Debilität
die monetaristische Psychopathie
der Nationalstaatswahn
die Krisenmanagementkrise
die Depression in der Börse …

Ernst Kostal,
in seinem Buch „An der Kreuzung der Augenblicke“
unter dem Titel „Befund 1993“ erschienen

3 Unauffällige Erfolgsgeschichte

Vor 40 Jahren: Raoul Schindler, von seinen Kollegen belächelt, beendet die Selbstisolation der Psychiatrie und revolutioniert den Umgang mit den Kranken. Erstmals wird die Psychotherapie in die klassische Psychiatrie der Schocks und Medikamente einbezogen. Laien werden Sozialbegleiter. Die Psychiatriereform, international angestoßen, kommt in Österreich ins Rollen.

Rückblick an den Anfang

Von Raoul Schindler
gekürzt aus: pro mente nachrichten 0/95

Es war kein Zufall, dass es da 1965 praktisch ohne Absprache in Wien und Linz zur Gründung von Gesellschaften *pro mentis infirmis* kam, aber es sah wie ein Zufall aus, als ich am Rande einer wissenschaftlichen Tagung mit dem Leiter des Psychiatrischen Krankenhauses Linz, Herrn Hofrat Dr. Schnopfhagen, von meinen Plänen sprach, die Hilfe von Laieninitiativen für die Sache der Psychiatrie zu gewinnen. Er antwortete, er trüge sich mit dem gleichen Anliegen, und er hatte bereits einen Namen dafür: *pro mente infirmis* – für die in ihrer Geistigkeit Ungeschützten. Das klang ein wenig nach Jahrhundertwende, damals entstanden allenthalben soziale Initiativen mit feierlich klingenden Namen: Pro Juventute, Pro Senectute usw. Mir war eher nach einer Aktion 2000 zumute; Aber dann dachte ich an den Zustand der psychiatrischen Versorgung in Österreich und hatte das Gefühl von Größenwahn. Noch keine Generation entfernt von dem Ungeist der Euthanasie, bereits wieder zu 50% stationär überbelegt gegenüber den Absichten der Gründer der „modernen" psychiatrischen Anstalten nach dem Pavillonsystem, wie Steinhof in Wien, wie in Linz, Graz, Mauer, Salzburg, Hall usw. Auch könnten wir doch nur so modern werden wie das „Ohne-Zwang-System" des Engländers Conolly aus dem 19. Jahrhundert, das bereits Freiwilligkeit, Arbeitsrehabilitation mit leistungsgerechter Entlohnung und kleine Einheiten des Zusammenlebens (Pavillon) in die Psychiatrie mit weltweitem Echo eingeführt hatte.

Also blieb ich beim gleichen Namen, der die intentionelle Verbundenheit ausdrücken sollte. Tatsächlich war und wurde PMI-Linz ein Verein, in dem Laien den Psychiatern halfen, eine außerstationäre Sozialfürsorge zu entwickeln, und PMI-Wien ein Verein, in dem Psychiater den Laien halfen, ihre Wünsche nach einem Zusammenhalten der Menschen auch über Krisen hinweg und ihre Kritik an einer ausgrenzenden Psychiatrie produktiv zu verwirklichen. So waren im Vorstand in Linz vorwiegend führende Psychiater und führende Funktionäre der Landesverwaltung vertreten. Die ließen uns auch in Wien, es sei dankend hervorgehoben, nicht im Stich, aber die Initiative lag bei kritischen Persönlichkeiten des öffentlichen Lebens, wie unserem ersten Obmann, dem engagierten evangelischen Theologen Prof. Dr. Wilhelm Dantine, dem Zukunftsforscher Dr. Robert Jungk, den Künstlern, wie Prof. Gottfried von Einem, Hilde Spiel, Lotte Ingrisch, um nur einige zu nennen, dem kritisch sozial engagierten Prälaten Dr. Leopold Ungar und vielen mutig-mitreißenden Frauen, von denen ich nur unsere nimmermüde Frau Ilona Schöggl hier anführen möchte, weil sie als eine unserer ersten Pflegschaftshelferinnen realisierte, was andere nur dachten. Auch die späteren Gründungen, PMI in Salzburg, in Kärnten und anderen Bundesländern, kennzeichnen sich durch ein sehr persönliches, der Region und ihren Bedürfnissen entsprechendes Bild, aber sie haben alle eines gemeinsam: die Gewissheit, dass Psychiatrie ohne das Tätigwerden der Gesellschaft nicht menschlich arbeiten kann, sondern zur Reparaturwerkstätte oder zum verlängerten Arm der Behörden verkommt, aber auch, dass Liebe und Opferbereitschaft im seelischen Bereich der fachlichen Mithilfe bedarf, damit sie nicht in illusionäre Ungeduld und resignative Enttäuschung umschlägt.

Besucht am 26. 4. 1967

Alte Patientin, die seit Dez.vorigen Jahres im Krankenhaus ist. Sie erzählte, daß sie Kaffeekochen wollte in der Nacht nach einem Theaterbesuch und einen Gasunfall erlitten hat. Erst brachte man sie auf die Klinik Hoff, dann hierher. Ihr Mann ist vor 10 Jahren gestorben und sie hat eine Wohnung und eine Rente. Sie hat Verwandte, Neffen und Nichten, die sich um sie kümmern, doch nicht sehr viel Zeit haben. Da sie soweit materiell versorgt ist, bittet sie um eine Helferin, die sich manchmal um sie kümmert und freut sich jetzt schon darauf. - Eine nette, ruhige, sehr liebebedürftige, redselige alte Frau,eine Helferin, die zweimal die Woche sie besucht und ihr das Gefühl gibt, daß sie nicht ganz einsam ist, würde genügen.Sie möchte je schneller nach Hause gehen.

Besuchsbericht im Psychiatrischen Krankenhaus, Pavillon 25

Der kritische Funke, der damals im Symbol der sogenannten „Antipsychiatrie“ gezündet wurde, soll und muss weiterleben, aber eingebettet in die demütige Erkenntnis des aufeinander Angewiesenseins. Man kann dies auch positiv ausdrücken: Die Zusammenarbeit von menschlichem Engagement und professionellem Wissen ist für alle Beteiligten ermutigend, ja beglückend. Das wichtigste Zeichen des Scheiterns solcher Zusammenarbeit ist daran zu erkennen, dass sich die Beteiligten zu demütigen beginnen, sei es in der Missachtung des Laien oder des Professionellen oder des Erkrankten. Die kann sich auch in belehrenden Vorwürfen über sogenannte Versäumnisse ausdrücken, so berechtigt sie auch sein mögen. Auch eine Diagnose ist solange ein Vorwurf über versäumte Psychohygiene, solange wir nicht in therapeutischer Gemeinschaft zusammenhelfen, die Krise zu überwinden. Man kann das individuell, familiär, nachbarlich oder gesellschaftlich lösen.

Wir haben in Wien daher begonnen, nicht die Stationen zu kritisieren, dass sie ihre Patienten und Patientinnen nicht herauslassen, oder die Kranken, dass sie sich innerfamiliär oder bei ihren Ärzten nicht durchsetzen, sondern denen, die heraus wollten, unsere Mithilfe für das Leben draußen angeboten, denen, die Entlassung zu verantworten hatten, unsre Mitverantwortung, denen, die helfen wollten, unser fachliches Mitdenken. Heute nennt man das Supervision. Und man muss wieder Acht geben, dass aus der Mitsicht keine Draufsicht oder Aufsicht wird. Das Hilfsangebot als Ganzes nannten wir „Aktion Pflegschaftshilfe“, die heutige „Sozialbegleitung“.

Die Psychiatriereform der achtziger-Jahre hat in der Psychiatrie die Grenze zwischen Drinnen und Draußen aufgeweicht. Die Zahl der Zwangsaufnahmen ist auf ein Drittel abgesunken, die stationären Aufenthaltszeiten sind wesentlich kürzer geworden Der Bettenbeleg im Psychiatrischen Krankenhaus in Wien ist auf die zur Zeit seiner Gründung vorgesehene Zahl zurückgegangen. Das sind große Erfolge, die österreichweit und auch im Ausland Anerkennung gefunden haben. Sie basieren auf dem wachsenden Vertrauensverhältnis zwischen Psychiatrie und Gesellschaft, wie es von PMI vorgelebt wurde. Ein Sektor dagegen, der von der Psychiatriereform nicht wirklich erfasst wurde, ist der chronische Bereich. Die Tore nach außen wurden zwar geöffnet, aber die dafür nötigen therapeutischen Hilfen wurden nicht entsprechend bereichert […]

In dieser Situation schien es uns sinnvoll, deklarierte Laien vorzuschicken und mit Supervision zu unterstützen. Wir haben bewusst das laienhafte Engagement

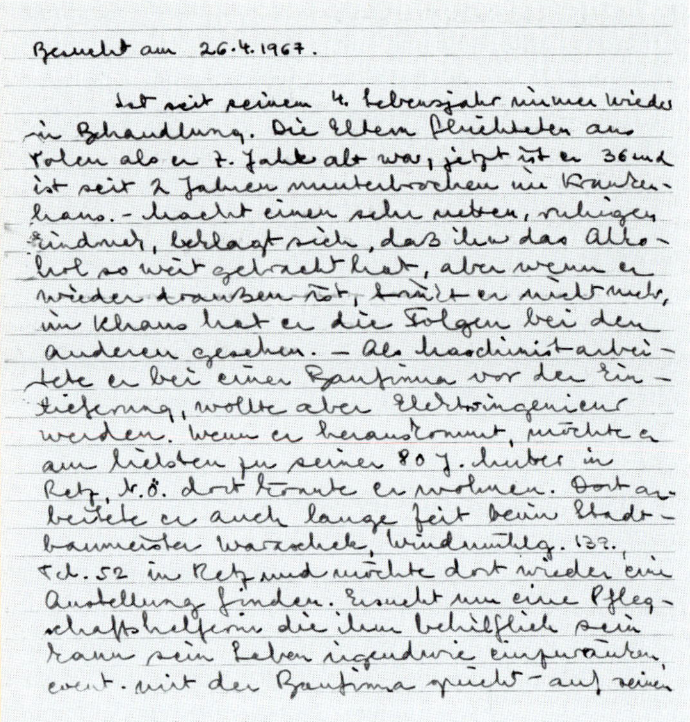
Besucht am 26.4.1967.

Ist seit seinem 4. Lebensjahr immer wieder in Behandlung. Die Eltern flüchteten aus Polen als er 7. Jahre alt war, jetzt ist er 36 und ist seit 2 Jahren ununterbrochen im Krankenhaus. – Macht einen sehr netten, ruhigen Eindruck, beklagt sich, daß ihn das Alkohol so weit gebracht hat, aber wenn er wieder draußen ist, trinkt er nicht mehr, im Khaus hat er die Folgen bei den anderen gesehen. – Als Maschinist arbeitete er bei einer Baufirma vor der Einlieferung, wollte aber Elektroingenieur werden. Wenn er herauskommt, möchte er am liebsten zu seiner 80 J. Mutter in Retz, N.Ö. dort könnte er wohnen. Dort arbeitete er auch lange Zeit beim Stadtbaumeister Warzschek, Windmühlg. 137., Tel. 52 in Retz und möchte dort wieder eine Anstellung finden. Ersucht um eine Pflegschaftshelferin die ihm behilflich sein kann sein Leben irgendwie einzuräumen, event. mit der Baufirma spricht – auf seinen

Besuchsbericht im Psychiatrischen Krankenhaus, Pavillon 4

dieser Helfer mit der professionellen Routine der Stationen verbunden. Wenn bei Betreuungen die Förderung sozialer Fähigkeiten im Vordergrund steht, werden wir nur dort tätig, wo die zuständigen Ärzte und Therapeuten mit uns zusammen erarbeiten, welche Rehabilitationsziele erreicht werden sollen.

Tatsächlich ist es mit diesem Programm gelungen, Leidende mit jahrelanger Hospitalisation wieder entlassungsfähig und frei lebens- und freudefähig zu machen.

Der Rückblick ist aber keinesfalls nur ein befriedigtes Feiern von Erfolgen. Wir haben sie und brauchen sie nicht zu verstecken. Aber die Psychiatriereform ist nicht gesichert! Sie kämpft bereits wieder mit restaurativen Widerständen und Finanznot […]

40 Jahre kurz gefasst

1965

Gründung des Vereins durch Prim. Univ. Doz. Dr. Raoul Schindler, damals noch unter dem Namen *„pro mente infirmis"*. Büro im Psychiatrischen Krankenhaus Baumgartner Höhe.
Start der „Pflegschaftshilfe" (heute „Sozialbegleitung")
Einführungskurse für Pflegschaftshilfe.

1966/67

Erster Ausbildungslehrgang für „Pflegschaftshilfe" an der Volkshochschule Urania

1976

Gründung des Dachverbandes *pro mente Austria*

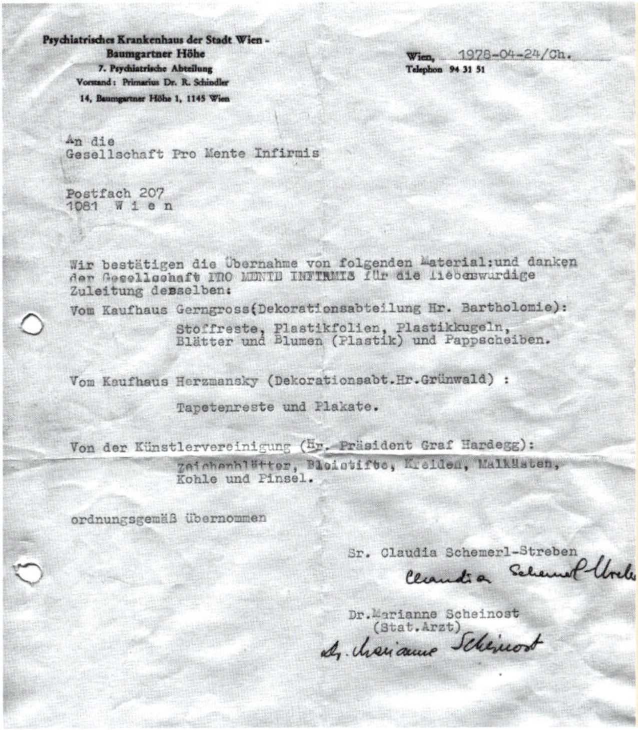

Psychiatrisches Krankenhaus der Stadt Wien -
Baumgartner Höhe
7. Psychiatrische Abteilung
Vorstand: Primarius Dr. R. Schindler
14, Baumgartner Höhe 1, 1145 Wien

Wien, 1978-04-24/Ch.
Telephon 94 31 51

An die
Gesellschaft Pro Mente Infirmis

Postfach 207
1081 W i e n

Wir bestätigen die Übernahme von folgenden Material:und danken der Gesellschaft PRO MENTE INFIRMIS für die liebenswürdige Zuleitung desselben:

Vom Kaufhaus Gerngross(Dekorationsabteilung Hr. Bartholomie):
Stoffreste, Plastikfolien, Plastikkugeln, Blätter und Blumen (Plastik) und Pappscheiben.

Vom Kaufhaus Herzmansky (Dekorationsabt.Hr.Grünwald) :
Tapetenreste und Plakate.

Von der Künstlervereinigung (Hr. Präsident Graf Hardegg):
Zeichenblätter, Bleistifte, Kreiden, Malkästen, Kohle und Pinsel.

ordnungsgemäß übernommen

Sr. Claudia Schemerl-Streben
Claudia Schemerl-Streben

Dr.Marianne Scheinost
(Stat.Arzt)
Dr. Marianne Scheinost

Dankschreiben für Sachspenden: pro mente ist auf Großzügigkeit angewiesen.

1979

Das Patientencafé KOMM 24 am Pavillon 24 des Wiener Psychiatrischen Krankenhauses Baumgartnerhöhe wird gegründet.

1980

7.700 Gäste haben das KOMM 24 in diesem Jahr besucht.

1983

Tagung „Laienhilfe und Selbsthilfe in der Psychiatrie".
Aufbau des Projekts „Trainingshilfe" unter der Leitung von Elisabeth Muschik. Die „Zentrale" befand sich im Vorzimmer von Primarius Schindler im Pavillon 24.

1984

Beginn des Projekts „Kunst und Kreativität", Leitung: Dr. Fritzl.

Herrn
Julius MEINL

Julius Meinlgasse 3-7
1160 W i e n

Sehr geehrter Herr Meinl!

Wir danken Ihnen aufrichtig für die leihweise Übergabe einer Espressomaschine und einer Kaffeemühle, welche zur Ausgestaltung eines Kommunikationszentrums am Psychiatrischen Krankenhaus Baumgartner Höhe dient.
Wir freuen uns, daß unser Anliegen bei Ihnen soviel Verständnis gefunden hat und hoffen Sie bei der Eröffnung dieses Zentrums begrüßen zu dürfen und Ihnen unseren Dank aussprechen zu können.

Dankbrief vom 25. August 1979: Der Kaffee für das KOMM 24 ist gesichert.

1985

Start der Trainingshilfe mit Übernahme des ersten Patienten, der 32 Jahre stationär in der Anstalt gelebt hatte, und zwar im Pavillon 2 (Primarius Dr. Donat, Psychologin Dr. Lilo Tutsch, Trainigshelferin der ersten Stunde: Dr. Susanne Synek).
Leopold-Gratz-Preis für eine sozialwissenschaftliche Untersuchung der Organisation „Pflegschaftshilfe". Verantwortlich dafür: Maria Hegedüs.

1986

„Kunst und Kreativität" wird vorübergehend eingestellt, Elisabeth Muschik wird mit der Leitung der gesamten Organisation betraut. Es arbeiten 15 TrainigshelferInnen, 18 PatientInnen werden betreut.

Eingang im Souterrain: Die Anfänge des KOMM 24

Das KOMM 24: Eine Oase der Gastlichkeit

1987

Raoul Schindler geht als Primarius in Pension. Sein Nachfolger Dr. Stössl stellt *pro mente Wien* einen Raum im Pavillon 26 zur Verfügung. Die Sozialbegleiterin Gusti Waldner ordnet freiwillig die Ablage.

1988

Dr. Lilo Tutsch wird Obfrau des Vereins, Prof. Eberhard Gabriel überlässt *pro mente Wien* ein kleines Büro im Gebäude B1.

1989

Symposion „Menschen am Rand – Leben in der Stadt" von *pro mente Wien* gemeinsam mit dem Bildungshaus Lainz.
Ausstellung von Bildern aus dem Projekt „Kunst und Kreativität", Eröffnung durch Prof. Oswald Oberhuber.

1990

Festwochenausstellung „Resultate“ im Jugenstiltheater: 80 Bilder und Keramikobjekte des Projekts „Kunst und Kreativität“.
25 Jahre *pro mente* Wien: Festtagung im Großen Saal des Psychiatrischen Krankenhauses unter dem Titel „Zwischenstation“.
Renovierung des KOMM 24. Erstmals Fördermittel aus der Aktion „Licht ins Dunkel“: Anschaffung von Geschirr, Geschirrspüler und Kühlschrank.
Start der „Selbsthilfeorientierten Projektarbeit“ (SOP) mit moderierten Selbsthilfegruppen.

1991

Überlassung des ersten Zivildieners für das KOMM 24 durch das Krankenhaus: Dr. Arno Böhler, später Philosoph, Filmemacher und Logotherapeut.
Eine Sozialarbeiterin aus Tokio (Harumi Nishihara) macht ein einjähriges Praktikum im KOMM 24.

1992

Umstellung des Betriebs von Selbstbedienung auf Service im KOMM 24. Beginn des Verkaufs von Mehlspeisen. Jazzkonzerte, Disconachmittage, Tischtennisturniere u. a.
Einbau einer Trennwand zwischen Pavillon und KOMM 24, dieses ist nur mehr von unten über den Garten zugänglich. Einbau neuer Sanitäranlagen. Veranstaltungen unter dem Motto: Komm ins KOMM!

1993

Prof. Dr. Otto Lesch wird neuer Obmann von *pro mente Wien.*
Mag. Günter Dietrich wird Projektleiter des KOMM 24, Felicitas Heindl übernimmt das Projekt Sozialbegleitung (vormals: Pflegschaftshilfe), Claudia Docsek das Projekt Trainingshilfe.
Jutta Holl, Martha Platt, Ursula Gründert übernehmen die Projektleitung SOP (Selbsthilfeorientierte Projektarbeit)

1994

Erste Anstellung im Komm 24 in Kooperation mit dem Bundessozialamt.
Zahlreiche Ausstellungen und Konzerte im KOMM 24.

1995

30 Jahre *pro mente Wien:* Tagung „Dasein – Beistehen – Mitgehen" im Jugendstiltheater.
Bezug der neuen Bürozentrale am Stubenring 2a. Gusti Waldner übernimmt die Büroleitung.
Rudolf Wagner (noch Zivildiener) übernimmt die Projektleitung der Trainingshilfe.
Café-Restaurant MAX wird am Stubenring 16 eröffnet.
Start der Zeitung *„pro mente nachrichten"*. Stefanie Pascher übernimmt regelmäßig den Telefondienst, gemeinsam mit Günter Dietrich die Redaktion der Nachrichten und unterstützt administrativ die Trainingshilfe.

1996

Rudolf Wagner, zuvor Zivildiener, übernimmt die Leitung des KOMM 24.

1997

Erster Neujahrsempfang.
Gründung des *pro mente Wien* Bildungsreferats, Leitung: Karin Müller.

1998

Prof. Dr. Karl Dantendorfer wird Obmann von *pro mente Wien.* Manuela Pichler unterstützt ehrenamtlich die Organisation der Trainingshilfe. Christoph Fally übernimmt die Redaktion der *„pro mente nachrichten"*.

1999

20 Jahre KOMM 24: Festveranstaltung im Jugendstiltheater.
Eröffnung der „Kreativhöhle" im 17. Bezirk.
Eli-Lilly-Preis für die „Trainingshilfe" von *pro mente Wien.*

2000

Gründung von zwei Wohngemeinschaften sowie Übernahme von vier bestehenden Wohngemeinschaften des VSW (Verein Soziales Wohnen); Die Leitung des Teilbetreuten Wohnens übernimmt Rudolf Wagner, als Sozialarbeiter wird zunächst DSA Felizian Lipphard aufgenommen, dann werden Mag. Alexandra Stockinger und DSA Silvia Kreuzer vom VSW übernommen.
Übersiedelung des Büros in die Grüngasse 1a im 4. Bezirk.
Anstellungsverträge für alle MitarbeiterInnen des Vereins.
Michael Felten wird Assistent der Geschäftsführung. Mag. Maria Eberstaller

leitet das Bildungsreferat, die *„pro mente nachrichten"* werden zugunsten der österreichweit verbreiteten Zeitschrift *„pro mente Austria"* eingestellt.

2001

Dem Wachstum der Organisation wird strukturell Rechnung getragen: Die fachliche Leitung übernimmt Rudolf Wagner, die wirtschaftliche Leitung Michael Felten. Den Wohnbereich übernimmt Mag. Alexandra Stockinger, den Fachbereich Arbeit übernimmt Frau Mag. Hermine Jäger.
Das Betreute Wohnen wird um das Angebot des betreuten Einzelwohnens erweitert.
Eröffnung der ausgelagerten Catering-Produktion des Café-Restaurant MAX in der Erlafstraße, 1020 Wien. Aufstockung im MAX auf 30 Transitarbeitsplätze.
Start des Urlaubsprojektes ATEMPAUSE im Auftrag der *pro mente Austria.* Initiator des Projekts: Roman Kiss, es wird gesponsert von Johnson & Johnson Janssen Cilag.
Einrichtung der *promenteWien*-Öffentlichkeitsarbeit.

Innovation am Stubenring: Das Café MAX

Mag. Barbara Schöbl übernimmt die Projektleitung des KOMM 24.
Mag. Barbara Kleedorfer, kurz nach ihr Mag. Andreas Schwab übernehmen das Bildungsreferat, Markus Schlinke die Öffentlichkeitsarbeit, Thomas Wick arbeitet für die Administration.

2002

Günter Gammer übernimmt die Bereichsleitung „Arbeit“, Mag. Christine Achs die Öffentlichkeitsarbeit. Mag. Ernestine Löschenkohl übernimmt das Rechnungswesen, Kirsi Vilpa DSA das KOMM 24.
Mag. Susanne Schlager übernimmt den Bereich Soziale Integration, in dem die Sozialbegleitung, die Trainingshilfe und die Gruppenangebote zusammengefasst sind.
Manuela Pichler übernimmt den Bereich der Selbsthilfeorientierten Projektarbeit.

2003

Erster Wiener User-Kongress im Palais Auersperg: die bisher österreichweit größte Veranstaltung von Psychiatrieerfahrenen für Psychiatrieerfahrene.
Installierung einer Peerleitung in den Selbsthilfegruppen: Gerhard Oberenzer.
Brigitte Dörr kümmert sich um neue Geschäftsfelder.
In Kooperation mit Printshop werden zwei *pro mente* Printshops eröffnet mit dem Ziel, Dauerarbeitsplätze zu schaffen, die ohne öffentliche Förderung auskommen.

2004

Am österreichweiten Projekt „Berufliches Integrationsmanagement, Psychische Gesundheit am Arbeitsplatz" beteiligt sich *pro mente Wien* für Wien.
Abschluss der Arbeit am promente-Leitbild.
Elisabeth Muschik übergibt die Geschäftsführung an Rudolf Wagner und Michael Felten.

2005

Aus dem Bildungsreferat wird die *pro mente*-Akademie in der Grüngasse unter der Leitung von Mag. Andreas Schwab.
Umbau und Renovierung des Café-Restaurant MAX.
Eröffnung des neuen Projekts „Galerie & Atelier Sonnensegel“ in der Preßgasse 28 im 4. Bezirk unter der Leitung von Mag. Donat Grzechowiak. Die Finanzierung erfolgt zum größten Teil durch den Hauptsponsor Ely Lilly.

Finanzierungskrise bei *pro mente Wien* durch Reduktion von Fördermitteln. Mehrere MitarbeiterInnen verlassen *pro mente*, die beiden nicht ausfinanzierten Printshops müssen abgegeben werden.
Neue Zuständigkeiten im Leitungsteam: Mag. Bettina Arbesleitner für die Sozialbegleitung, Renate Gach für Trainingshilfe, Mag. Sabrina Scumaci für Arbeitsintegration, Mag. Alexandra Stockinger für Teilbetreutes Wohnen, Christina Hofmann für Freizeitgruppen, Thomas Wick für Sonnensegel. Dietmar Berger wird Küchenchef im Cafe-Restaurant Max und übernimmt die Restaurantleitung.
Internationale Ehrenamtstagung findet im September im Sonnensegel statt.
pro mente Wien unterzieht sich dem Audit „Familie und Beruf" und erhält das Spendegütesiegel.

Univ. Prof. Dr. Wilhelm Dantine

Dr. Gudrun Kaiser

Ilona Schöggl

Franz Schawerda

Dr. Liselotte Tutsch

Univ. Prof. Dr. Otto Michael Lesch

Elisabeth Muschik

Univ. Prof. Dr. Karl Dantendorfer

Vier Jahrzehnte pro mente: Die wichtigsten Personen an der Spitze

2006

Der erste Nachhaltigkeitsbericht der *pro mente Wien* für die Jahre 2004 und 2005 erscheint.

Der Tagungsband zur Ehrenamtstagung 2005 wird publiziert.

Mag. Sabrina Scumaci tritt in Kärtnen eine Geschäftsführungsposition an, als ihr Nachfolger übernimmt Thomas Wick den Bereich Arbeitsintegration. Die Projektleitung des Sonnensegels übernimmt Mag. Birgit Lurz.

Das Projekt „Von der Selbsthilfe zur Peerberatung und Mentoring“ wird in einer finanzierten Projektvorbereitungsphase entwickelt mit geplantem Start ab 2007, als Projektverantwortliche wird Silvia Ballauf angestellt.

Elfriede Huldberg wird von der Jury bei der Wahl der Freiwilligen Voluntaria 2006 „Freiwillige bewegen Österreich – Freiwillige bewegen Europa“ für ihr außergewöhnliches freiwilliges Engagement in der Kategorie „Menschen mit Behinderung – Für eine Gesellschaft ohne Barrieren“ zu einer der Preisträgerinnen ausgewählt.

Das Projekt „Atempause“ wird von der Jury des Gesundheitspreises der Stadt Wien 2006 in der Kategorie "Gesundheitsförderung/Prävention" für den dritten Preis vorgeschlagen, der feierlich im Wappensaal des Wiener Rathauses überreicht wird.

In der Nachfolge von Christine Hofmann übernimmt Karoline Schmidl die Leitung der Freizeitgruppen.

In Kooperation mit der Bank Austria Creditanstalt und der Union Versicherung wird die Gründung der *pro mente* Privatstiftung vorbereitet.

Die Wurzeln der Psychiatriereform

Ein Gespräch mit Raoul Schindler, dem Gründer von pro mente

Wie sah es in der Psychiatrie aus, als Sie als junger Arzt damit zu tun bekommen haben?

Schindler: Ich war in der Kriegszeit Student, habe das Glück gehabt, nicht einrücken zu müssen. Bei der Assentierung konnte ich ohne Sitzgelegenheit nicht so lange stehen, bin ohnmächtig geworden, das EKG war nicht in Ordnung. 1946 habe ich das Doktorat fertig gemacht. Prof. Kauders hat mich gefragt, ob ich nicht bei ihm mitarbeiten will, und das habe ich natürlich gern angenommen. Besonders wichtig war mir mein Aufenthalt in der Schweiz. Ich war zwei oder drei Monate als Austauschassistent bei Manfred Bleuler, dem Leiter des Burghölzli bei Zürich – übrigens ein Sohn jenes Eugen Bleuler, der mit Sigmund Freud in Verbindung war.

Was war ihr Eindruck im Vergleich zwischen Zürich und Wien?

Schindler: Mich hat der Zustand der Psychiatrie in Österreich sehr deprimiert. Die Wiener Psychiatrie hatte sich praktisch völlig abgesperrt. Psychisch Kranke hat man einfach aus dem normalen sozialen Leben heraus- und in die Station hereingenommen und hier behandelt, vor allem mit Schocks – das war wirksam, mit der Insulin-Therapie, die eigentlich die Wiener Schule berühmt gemacht hat. Aber da gab es überhaupt keine kurativen Möglichkeiten für scheinbar nicht behandelbare Krankheiten. Im Krieg waren ja psychisch Kranke nur als Last angesehen worden, und nach dem Krieg war das ganze Feld der Psychiatrie unter den Verdacht des Euthanasiedenkens gestellt. Ich hatte mich schon in der Kriegszeit auf der Psychiatrie umgeschaut. Die Klinik hat die Diagnose Schizophrenie nicht gestellt, um den Eingriff nazistischer Kollegen in Richtung Euthanasie hintanzuhalten. Es ist nie dazu gekommen, dass die Klinik Patienten oder Patientinnen abgestellt hat. Mir ist jedenfalls nichts davon zur Kenntnis gekommen.

Nach 1945 gab es kein Geld zum Renovieren (es hat ja zum Teil sogar in die Pavillons hereingeregnet), und die ganze wissenschaftliche Mentalität war eine geschlossene. Man wollte sich von außen nicht hineinschauen lassen, weil ein begreifliches großes Misstrauen herrschte. Die Heimlichkeit diente nicht zum Schutz des Patienten, sondern zum Schutz mancher der Ärzte. Denken Sie an den Psychiater Gross, der am Steinhof ja lange Zeit mein Kollege war …

Gab es in der Schweiz mehr Offenheit und eine größere Freiheit für die PatientInnen?

Schindler: Die Schweiz hat Vorteile gehabt. Sie hatte kleinere Anstalten, in der Größenordnung von einigen 100 Patienten. Die deutschen Kliniken, auch die Wiener Klinik, waren mit bis zu 2000 Patienten belegt – wenn auch bereits nach dem Pavillonprinzip als Folge einer englischen Psychiatriereform im 19. Jahrhundert. Das war schon eine Öffnung, die als Impuls um die Welt gegangen, aber im Ersten Weltkrieg wieder untergegangen ist.

Auch gab es im deutschen Sprachraum eine große Distanz zwischen neurologischen Psychiatern und denen, die tiefenpsychologisch dachten. Die Psychiatrie war vom 19. Jahrhundert her ganz somatisch eingestellt, man verstand sie als Hirnkrankheit. Man wollte die Psychiatrie auf eine exakte naturwissenschaftliche Grundlage stellen. Damit hat jenes wissenschaftliche Denken begonnen, das die Wiener Schule hochgebracht hat. Ich habe mich immer um eine Verknüpfung von Psychiatrie und Psychotherapie bemüht. Ich habe meine psychoanalytische Ausbildung knapp nach dem Krieg begonnen, war mit Igor Caruso in Kontakt, bin praktisch sein Nachfolger geworden und habe seinen Arbeitskreis weiter geführt. Von da an war die Psychoanalyse Grundlage meines Denkens, ich habe auch in meiner wissenschaftlichen Arbeit versucht, jene therapeutischen Entwicklungen zu fördern, die sich außerhalb der Medikamente und der Schocktherapie bewegt haben.

Wie erklären Sie den Umschwung in der Auffassung psychiatrischer Krankheiten und ihrer Behandlung?

Schindler: Ursprünglich hat man sich vor den Geisteskranken gefürchtet, weil man sie als Gefährdung betrachtet hat. Nach dem Ersten Weltkrieg ist das gewissermaßen umgeschlagen, und man hat die Kranken vor der überfordernden Gesellschaft zu schützen versucht. Aber die trennende Mauer ist geblieben.

Nach dem Zweiten Weltkrieg ist eine Tendenz aufgekommen, diese Mauer aufzulösen und einfach das, was da hinter der Mauer geschieht, als eine Vergewaltigung der Kranken zu verdächtigen: Das war die Antipsychiatrie als Bewegung.
Ich komme nicht von der Antipsychiatrie, sondern von der Psychiatrie, allerdings auf psychoanalytischer Grundlage. Nun hat sich aber Krankheit als Begriff gewandelt. Man hat Krankheit immer mehr als etwas Natürliches im Leben betrachtet, als Versuche der Wiederherstellung eines gestörten Gleichgewichts.

Wenn man sich mit den Geisteskrankheiten, wie man sie auf einer Station vorfindet, psychotherapeutisch auseinandersetzt, dann zeigt sich auch die psychotisch gestörte Persönlichkeit als durchaus sinnvoll. Eine ganze Menge von Heiligengeschichten sind ja Psychosengeschichten, und ich habe nie Schwierigkeiten, mit religiösen Menschen über solche Heiligengeschichten zu reden, denn das ist nur eine andere Definition, wenn Sie so wollen. Was ein Psychiater Halluzinationen nennt, wird ein religiöser Mensch eine Vision nennen. Es kommt auf die soziale Rezeption und Interpretation eines Phänomens an.

Die entscheidende Frage für eine offene Psychiatrie ist doch, ob ein psychisch kranker Mensch eine Gefahr für seine Umgebung darstellt oder nicht. Kann die Psychiatrie darüber verlässliche Aussagen machen?

Schindler: Man kann durchaus unterscheiden, ob es sich um Menschen handelt, die auch anderen gefährlich werden können – deshalb sperrt man sie ein –, oder ob sie eine verständliche andere, selbstschützende Interpretation ihrer Erfahrungen haben. Das ist die Aufgabe der klinischen Psychiater. Gefährlich werden vor allem Menschen, die enthemmende unterschwellige Suchtdosen nehmen, nicht diejenigen, die schon am Boden liegen. Wer am Beginn des Rausches steht, der seine Kleinheit durch Übergröße verstärkt sieht und sich in seinen Wünschen nicht anzupassen vermag, kann gefährlich werden. So ein Mensch entspricht dem Kleinkind, das im Grunde in derselben Situation ist. Unsere Kindheit ist ja ständig ein Überforderungsvorgang. Das Kind sieht sich plötzlich einer Komplexität von Welt ausgesetzt, die wir irgendwie reduziert auf das Vermögen, das dem Alter entspricht, wahrnehmen, und das geht bis ins Erwachsenenbild hinein. Wir haben doch das Gefühl, dass wir alles verstünden, verstehen aber bei weitem nicht alles.

Welche Erfahrungen haben Sie gemacht, als sie tatsächlich lange Zeit stationär gebundene PatientInnen aus der „Psychiatrie-Haft" entlassen haben?

Schindler: Ich habe also begonnen, die Psychiatrie zu öffnen und die Patienten hinaus zu lassen, und dadurch auch erreicht, dass ich ständig freie Betten und einen schnelleren Durchsatz hatte; damit verändert sich der Aspekt, wie man die Patienten zu behandeln hat. Aber zugleich entstand ein neues Problem: Die Mauern auf den Stationen wurden eingerissen, aber draußen sind die Patienten auf neue Mauern gestoßen, weil die Gesellschaft sie noch nicht akzeptieren konnte, so dass manche wieder zurückgekommen sind – die Station entlässt sie, und die Umwelt wirft sie wieder zurück.

Darstellung der historischen Entwicklung aus den Erläuterungen zur Regierungsvorlage

Das Ende des Zweiten Weltkrieges veranlasste nur sehr wenige der emigrierten PsychotherapeutInnen, wieder nach Österreich zurückzukehren. Ein langer Weg der Wiederbelebung und Regeneration begann, wobei sich vor allem Knut Baumgärtel, Lambert Bolterauer, Igor Caruso, Otto Pawlik, Erwin Ringel, Wilhelm Solms und Walter Spiel besondere Verdienste um die Psychotherapie erwarben. Zusammen mit Ottokar Arnold, Raoul Schindler und Adalbert Wegeler gründete Igor Caruso 1947 zunächst den Wiener Arbeitskreis für Tiefenpsychologie als zweite psychoanalytisch orientierte Vereinigung, der alsbald weitere folgten. Aus diesem Kreis kommend, entwickelte Raoul Schindler seine gruppentherapeutischen Konzepte, die schließlich zur Gründung des Österreichischen Arbeitskreises für Gruppentherapie und Gruppendynamik führten.

Auf die Initiative von Hans Strotzka gemeinsam mit Harald Leupold-Löwenthal, Erich Pakesch, Raoul Schindler, Wilhelm Solms, Walter Spiel und Hans-Georg Zapotoczky wurde 1982 der Dachverband Österreichischer Psychotherapeutischer Vereinigungen, dem derzeit elf Vereinigungen angehören, gegründet.

aus: Psychologengesetz Psychotherapiegesetz. Kurzkommentar von Michael Kierein, Alfred Pritz, Gernot Sonneck, Wien 1991, S. 109-112)

Nun gab es nach dem Ende des Zweiten Weltkriegs in der ganzen kultivierten Welt eine Menge von Ansätzen, die Frage der Geisteskrankheiten psychologisch anzugehen. Einer dieser Ansätze ist die Gruppentherapie, die Gruppendynamik. Wir Menschen sind Gemeinschaftstiere, das hat schon Aristoteles gewusst. Wenn wir keinen Kontakt haben, geraten wir in eine ungeheuere Selbstunsicherheit und Einsamkeit, in vielen Formen, die praktisch Störungsmomente darstellen. Daher ist es naheliegend, dass man Gesellschaftlichkeit als Therapie anbietet. Bis zum Zweiten Weltkrieg bestand Psychotherapie darin, dass sich jemand aufdringlich dicht mit dem Klienten beschäftigt. Dabei macht man die Erfahrung, dass andere Personen aus der Umgebung eigentlich stören. Freud hat den Familien seiner Patienten verboten, mit ihnen über das zu reden, was er mit ihnen redet. Aus unserer heutigen Einsicht entsteht so eine andere Form von Einsamkeit. Wenn man als Einzelpsychotherapeut arbeitet, dann entsteht eine Abhängigkeit des Patienten, die Patienten werden krankhaft fixiert. Die Patienten verlieben sich gewissermaßen in den Therapeuten. Als therapeutisches Instrument ist das eine zeitlich begrenzte technische Nähe. Der Therapeut muss sehr darauf achten, damit es nicht zu einem Wahnsystem kommt. Das hat ja auch etwas Verführerisches. Daraus kommt auch der häufige Vorwurf, die Psychoanalytiker seien eigentlich so was wie gehemmte Liebende, die ihre eigene Krankheit mit ihren Patienten addieren. Da ist was dran.

Die Sozialbegleiter von pro mente sind keine Therapeuten. Können sie etwas gegen die Einsamkeit der PatientInnen ausrichten? War es die Absicht, ihnen eine Art Bewährungshilfe zu geben, um ihnen über die Zeit ihrer Unangepasstheit und ihrer Verwirrung hinwegzuhelfen, wenn sie wieder unter Leuten sind?

Schindler: Ich bin sehr früh zur so genannten Familientherapie übergegangen, eine Entwicklung, die man damals als den Luxus einer amerikanischen Idee angesehen hat. Meine Antwort auf das Problem war: Bauen wir eine therapeutische Öffentlichkeit auf, die kleine Gruppe. Dazu sind die Erfahrungen gekommen, die die Gruppendynamik bietet, wonach man mit Kleingruppen sehr intensive Persönlichkeitsentwicklungen machen kann, die sehr tiefgreifend wirken.

pro mente ist eigentlich eine solche kleine Öffentlichkeit. Als ich als Primarius nach Steinhof berufen wurde und dort eine Abteilung übernommen habe, war mir klar: Ich brauchte Mitarbeiter, die die Patienten auch außerhalb der Station betreuen können. Dabei sind mir Leute wie Basaglia und die ganze antipsychiatrische Bewegung sehr zu Hilfe gekommen. Wir haben mit ihnen verkehrt, Basaglia hab ich nach Wien eingeladen, um eine nützliche Unruhe zu stiften.

Entsprechende therapeutische Hilfspositionen außerhalb der Klinik aufzubauen, hatte mehrere Wurzeln. Die eine war, dass ich die Gruppenpsychiatrie eingeführt und die Kleingruppe als therapeutisches Instrument eingesetzt habe. Ich habe versucht, zwei Gruppen zu bilden – eine Gruppe von bis zu sieben Patienten und eine zweite Gruppe von Angehörigen dieser Patienten. Und ich habe diese Angehörigen eingeladen, sich ebenso regelmäßig zusammenzusetzen wie die Patientengruppe. Das nannte ich meine bifokale Methode. Ich habe damals das so genannte Referat Psychohygiene als eigene Abteilung im Gesundheitsamt aufgebaut, das ist heute der Psychosoziale Dienst. Das war amtlich, mit Fachleuten, Psychiatern, Psychologen, Fürsorgern besetzt.

Raoul Schindler: Der pro mente-Gründer beim 30-Jahr-Fest

Für das zweite System konnte ich die Antipsychiatrie als ein politisches Motiv benutzen. Von dieser Seite wurde ja mit der Auflösung der ganzen Behandlungsweise und der Stationen gedroht; man müsse die Menschen bloß unter Menschen führen, um sie wieder liebesfähig zu machen. Dafür, hab ich mir gedacht, sind aufgeklärte Laien sehr viel geeigneter – Fachleute haben lauter Widerstände. Es ist zu viel Arbeit, sie kriegen zu wenig Geld, sie haben keine Freizeit, die Diskretion.., alles spricht dagegen. Aber Laien können sich alles erlauben. Da hab ich mich an die Laien gewandt und gesagt, wir machen eine Laienbewegung, nicht eine, die die Psychiatrie einreißt, sondern eine, die selbst versucht, mit den Kranken ein Verständnis herzustellen.

Trotzdem brauchen auch Laien eine Ausbildung, sonst werden sie zu Dilettanten und Kurpfuschern.

Arbeitstreffen: Raoul Schindler mit seinen ersten MitarbeiterInnen

Schindler: Um das zu vermeiden, haben wir begonnen, Kurse anzubieten, zuerst in der Urania, dann auch auf anderen Volkshochschulen: eine Einführung, wie die Psychiatrie heutzutage die Situation der psychisch Kranken sieht, und wie es möglich ist, die Patienten aus der Psychiatrie zu entlassen und in das freie Feld der Gesellschaft zu führen, und zwar so, dass die Gesellschaft sie auch aufnehmen kann. Ich habe in diesem Kurs den Leuten angeboten, sie durch Fachleute zu begleiten, ihnen die Entwicklung der Krankheiten verständlich nahe zu bringen und ihnen Angstmomente wegzunehmen. So ist das System der Sozialbegleiter – damals hießen sie Pflegschaftshelfer – aufgebaut worden.

Man muss sich vor Augen halten, dass es sogar eine Krankheit gibt, die nur von solchen Laienhelfern therapiert wird, die so genannte Kontaktmangelkrankheit. Menschen, die keine Ansprache mehr haben und allein in ihrer Wohnung leben, kriegen paranoide Erlebnisse und beginnen zu halluzinieren. Sie führen Selbstgespräche, deuten Geräusche als gefährliche Vorgänge. Das können sie überwinden, wenn man mit ihnen in regelmäßiger Weise einen Kontakt aufbaut. Es braucht nichts Anderes, als sich zweimal in der Woche mit dem Patienten zu treffen. Da entsteht ein Zustandsbild, das praktisch normal ist, aber gleichzeitig den Wahn wie eine Reserve mit sich herumträgt. Ich habe auch im Referat Psychohygiene einen Kontaktdienst zu gefährlichen, „geisteskranken" Müttern eingerichtet, die neugeborene wehrlose Wesen pflegen wollen. Die sind natürlich sehr labil, Mütter nehmen ja auch ihre Kinder oft in den Selbstmord mit.

Wie sehen Sie die Situation heute? Ist im Wesentlichen das erreicht worden, was Sie sich vorgestellt haben, oder braucht es noch eine Psychiatriereform?

Schindler: Langsam hat sich das Konzept durchgesetzt. Man hat auch Subventionen bekommen und dazu eine Gesellschaft gebraucht, die die Subventionen übernimmt. Das war die „Gesellschaft pro mentis infirmis". Das Wort „infirmis" haben wir später abgestoßen, weil es als kränkend verstanden werden kann. Eine andere Folge unserer Vorgangsweise war, dass sich die ganze Gruppe der Psychotherapeuten, die nicht Ärzte waren, zusammengeschlossen hat. Ich habe das Psychotherapiegesetz ganz wesentlich initiiert. Führende Psychotherapeuten, die auch Ärzte waren, habe ich dann zusammengerufen, übernommen haben das Pakesch und Strotzka, und ich habe das dann praktisch zum

Gesetz geführt. Dadurch haben wir einen Stand von Psychotherapeuten einführen können, der ein politisches Bild bekommt. Da stehen wir jetzt, der Stand kämpft um seine Anerkennung. Er hat z. B. die Verpflichtung, in Spitälern wirksam zu werden; die Patienten haben einen Anspruch, je nach Stationsgröße, einen Psychotherapeuten angeboten zu bekommen – aber das funktioniert noch nicht wirklich. Die Psychiatrie ist von diesen Errungenschaften ausgeschlossen, die Wissenschaft greift die Patienten nur stationär auf, und was dann mit den Patienten geschieht, gilt weitgehend als unwissenschaftlich.

Man kann sagen, dass ein nächster Schritt schon im Gang ist, aber ausgebaut werden muss. Er besteht darin, die Psychotherapie zu verallgemeinern, hinauszutragen aus den Kliniken zu den praktischen Ärzten und in die Krankenhäuser hinein. Ich habe immer viele Kontakte zur Laienwelt gehabt. Dasselbe muss man auf die Gesellschaft übertragen. Wir nehmen in wachsendem Maß auch Anteil an schwierigen Menschen, aber es gibt auch mehr Störungszonen. Was man aus der Psychotherapie lernen kann, muss ohne billige Popularisierung Allgemeingut werden.

Der Revoluzzer Schindler

Elisabeth Muschik erinnert sich

Schindler kickt gern etwas an und schaut, was passiert. Je nachdem, wie wichtig ihm eine Sache ist, greift er noch einmal ein oder auch nicht. Seine Methode ist eine besondere Art des Revoluzzertums. Man muss sich das vorstellen: 1965 – Freiwillige einfach auf eine psychiatrische Station kommen zu lassen, und die holen jemanden ab und gehen mit dem spazieren und bringen ihn zurück. Diese Freiwilligen schauen sich – nur mit dem Hausverstand belastet – an, was da vor sich geht, und bringen eine Erstmaligkeit ins System. Dazu gehört Mut, es war zum Fürchten. Auch das System hat sich gefürchtet. Jedenfalls ist dadurch einfach der Blick von außen hereingekommen. Das muss Schindler ein diabolisches Vergnügen bereitet haben, aber er hat es sich nie anmerken lassen. Es war eine geniale Idee, Entlastung und doppelte Last zugleich: „Ich weiß ja nie, um wen ich mich zuerst kümmern soll“, hat er gesagt, „um den Klienten oder um den Helfer?“

Sie nannten ihn Traumtänzer

Ludwig Schrittwieser erinnert sich

Das war 1975. Schindler hatte damals die Psychiatrie schon zehn Jahre geöffnet, er war am Steinhof ein bekannter Primar. Die anderen haben ihn den Traumtänzer genannt: „Der befasst sich mit Angehörigen und behauptet, die braucht man dazu; wenn die ohnehin so gut sind, dann sollen sie die Kranken gleich behalten …" Das Pflegepersonal und die anderen Ärzte haben ihm den Namen Traumtänzer gegeben. Im Primariat Gross, wo ich arbeitete, galten nur die reinen Fakten: Wer krank ist, ist krank, punktum. Damals hatte ich noch keinen direkten Kontakt zu Schindler, hatte nur von ihm gehört und auch Pflegeschüler zu ihm ins Praktikum geschickt. Die Frau Muschik von *pro mente* hatte ja mit dem KOMM 24 die allererdenklichsten Anfangsschwierigkeiten. Da hat es geheißen: „Jetzt bringen sie uns die wieder herein, die wir ohnehin schon entlassen haben, da wird dann gestohlen und mit Rauschgift gehandelt …" Es wurden schon gezielt Vertreibungsmaßnahmen gesetzt, aber Schindler und Muschik haben eine harte Haut gehabt und sich schlussendlich doch durchgesetzt.

4 Absicht und Zufall

Wie sie zu *pro mente* kamen: Begleiter, Betreuer, Betreuerinnen, Teilnehmer an Gruppen, Zivildiener und Geschäftsführer, Ärzte und Psychologen, Hauptamtliche und Freiwillige im Ehrenamt – ganz verschiedene Wege führten sie zu *pro mente*, aus zufälligen Begegnungen wurden gemeinsame Wege. Und einer der Klienten ist sogar zu einer literarischen Figur geworden.

Wittgensteins Neffe

Als Thomas Bernhard 1967 im Pavillon Hermann (so nannte er ihn jedenfalls) auf der Baumgartner Höhe lag und an der Lunge operiert wurde, war auf der benachbarten Psychiatrie wieder einmal Paul Wittgenstein zum stationären Aufenthalt eingeliefert worden. Raoul Schindlers Reformen steckten noch in den Kinderschuhen, die Lungenheilstätte Baumgartner Höhe durfte man nicht mit Steinhof verwechseln, das im Wiener Volksmund zu einer Art Narrenturm geworden war, wohin man jedermann wünschte, den man loswerden wollte. Die Lungen- und die Seelenkranken wohnten jedoch in gleichartigen Pavillons, der trennende Zaun, an den sich Thomas Bernhard erinnert, ist verschwunden, und die ganze Anlage ist heute das Schwerpunktkrankenhaus „Otto Wagner Spital".

Es gibt zwei Paul Wittgenstein: einmal den älteren Bruder des Philosophen Ludwig, der im Ersten Weltkrieg den rechten Arm verloren hatte und trotzdem Pianist geblieben war; für ihn schrieb Maurice Ravel das berühmte Konzert D-Dur für die linke Hand. Der andere Paul Wittgenstein war ein Neffe der beiden und damals gerade 60 Jahre alt. Seit seinem 35. Lebensjahr häuften sich die manischen Anfälle, und es sind die letzten zwölf Jahre seines Lebens und Sterbens, denen Thomas Bernhard in seinem Buch „Wittgensteins Neffe" als eine nie gehaltene Grabrede auf seinen Freund ein Denkmal gesetzt hat. Marcel Reich-Ranicki meinte über dieses kleine Buch: „Nie hat Bernhard menschenfreundlicher, nie zärtlicher geschrieben."

So ist der Wahnsinn des hochbegabten, vielleicht genialen Paul Wittgenstein zwar Literatur geworden, aber als ein überaus genaues Abbild der Wirklichkeit. Dafür gibt es Zeugen.
Den Wahnsinn muss man nicht als eine Krankheit ansehen, warum nicht als eine plötzliche – mehr oder weniger plötzliche – Charakteränderung?

Ludwig Wittgenstein

Mein Paul Wittgenstein

Ludwig Schrittwieser: Pfleger und Lehrpfleger auf Steinhof, später selbst ein Betroffener und heute bei den pro mente Selbsthilfegruppen tätig.

Ich hatte das große Glück, jahrelang mit Paul Wittgenstein zusammenzuarbeiten. Ich möchte sagen, er war so etwas wie mein Lebenslehrer in der Psychiatrie. Er war ein Patient, aber ich habe immer das Gefühl gehabt, ich arbeite mit ihm zusammen. Dieser Mensch war ungeheuer interessant. Er war ein Maniker, konnte von der Psychiatrie aus ganz Europa erzählen. Er war das schwarze Schaf der Wittgensteins. Er hatte eine Wohnung in der Hofburg, bei seinen Verwandten stand ihm zwar überall das Wohnrecht zu, aber Geld wollte ihm niemand mehr geben. Und doch war er imstande, innerhalb von Stunden Geld aufzutreiben.

Da war ein Patient in seinem Pavillon 4, der zu ihm gut war, und er hat erfahren, dass er Geburtstag hatte. Auf einmal Aufregung: Wittgenstein ist weg. Die übliche Entwichenmeldung wurde gemacht, und was da alles dazu gehört. Vier Stunden später fährt ein Partyservicewagen vor, fängt an, Brötchen auszuladen. Das Pflegepersonal fragt: „Was ist da los?“ Die Auskunft war: „Es wurde für eine Geburtstagsfeier bestellt.“ „Moment, wir sind die Psychiatrie!“ Antwort: „Es ist schon bezahlt.“ Wittgenstein war hinausgegangen, ich glaub zum Häussermann, er hat Geld aufgetrieben und eine Geburtstagsparty für den Mitpatienten veranstaltet. „Denn“, hat er gesagt, „das ist ein guter Mensch.“ Die Bestellung war genau auf die Vorschriften der Station abgestimmt, es gab keinen Alkohol.

Mit Wittgenstein hab ich gigantische Sachen erlebt. Ich bin mit ihm ins Stadion gegangen, das war im 78er Jahr, bevor Österreich nach Argentinien gefahren ist, in der guten Fußballzeit. Es gab das Vorbereitungsspiel gegen die Ostdeutschen – und ich unter 70.000 Leuten mit Wittgenstein im Stadion. Dann auf einmal: Wittgenstein ist weg. Denk ich mir: Scheiße! Jeder hat mir abgeraten, ihn ins Stadion mitzunehmen! Wittgenstein ist weg – wie verantworte ich das vor der Oberärztin? 20 Minuten später war Wittgenstein wieder da, mit einem neuen Pelzmantel und mit Geld. Er hatte wieder wen getroffen. Weggegangen ist er mit einem Fetzen von einem Mantel, zurückgekommen ist er mit einem Pelzmantel. Wie ich ihn zur Rede stellen will, sagt er ganz trocken: „Leute muss man kennen."

Wittgenstein ist immer wieder zu mir gekommen und wollte Papier und Schreibzeug, er schreibe ein Buch. Ich habe ihn versorgt, er hat mir dann im Nachtdienst zum Lesen gegeben, was er geschrieben hatte. Diese Manuskripte sind zum Teil verschwunden – es hat außer Bernhard noch jemand über Wittgenstein geschrieben, ich weiß den Autor nicht mehr, darin waren Teile dieser Texte verarbeitet. Und ich Idiot hatte das in der Hand und hätte es kopieren können! Dass ich das versäumt habe, ärgert mich heute noch.

Wittgenstein war zudem ein exzellenter Musikkenner, darüber hat er sich mit Thomas Bernhard gefunden. Und er war der Doyen der Oper. Wenn Wittgenstein aufgestanden ist, gab es standing ovations, wenn Wittgenstein „Buh!" geschrieen hat, wurde „Buh!" geschrien. Die Künstler haben nur geschaut, was macht der Wittgenstein in seiner Loge?

Wittgenstein hatte ja keine Arbeitsjahre, Pension konnte er daher keine beziehen. Er kannte den Direktor einer Versicherung, und der hat ihn als Kanzleidiener angestellt, damit er ein Gehalt kriegt, ein bisschen Geld und ein paar Versicherungsmonate. Sechs Wochen später kam der Direktor ins Haus, konnte aber nicht in sein Büro. Wittgenstein war in eine Manie gekommen und hat erklärt: Ich übernehme diesen Laden hier, jetzt bin ich der Direktor! Und er hatte damit begonnen, das Mobiliar zu entsorgen, und zwar durchs Fenster. Also kam er wieder zu uns und wurde stationär aufgenommen.

Ich habe selten so einen gescheiten Menschen getroffen. Wenn ich mit ihm beisammen war, habe ich uns beide nie so gesehen, dass ich der Pfleger war und er der Patient.

Auch zu Politik, Reichtum und Armut hatte er Bemerkenswertes zu sagen gehabt aus einer Erfahrung, die die Erfahrung eines Menschen gewesen war, der den allersensibelsten zuzurechnen ist, die ich in meinem Leben gekannt habe. Er verachtete die heutige Gesellschaft, die in allem und jedem ihre Geschichte verleugnet und die dadurch, wie er selbst sich einmal ausdrückte, *weder eine Vergangenheit noch eine Zukunft hat.*

Thomas Bernhard über Paul Wittgenstein

Umweg zum gewünschten Beruf

Karl Dantendorfer: Universitätsprofessor für Neurologie und Psychiatrie, Obmann von pro mente Wien seit 1998

Meine Vorfahren waren Bauern und Arbeiter. Die Eltern haben nach dem Krieg ein kleines Geschäft für Textilien und Sportartikel aufgebaut. Also sollte ich Kaufmann werden, habe die Handelsakademie besucht und nach der Matura das Geschäft übernommen. Aber es freute mich eigentlich nicht, hingegen hat es meinen Bruder interessiert. Mit ihm hab ich, als ich 25 war, einen Vertrag geschlossen, dass ich weiter arbeite, aber zugleich Medizin studiere und ihm meine Anteile überlasse, wenn ich fertig bin. Im Geschäft meiner Eltern haben mich die Schischuhe besonders interessiert, ich war in Amerika, um Schischuhe zu bauen. Da war ich ein Spezialist, bin aber an eine Grenze gestoßen, weil ich von der Anatomie zu wenig verstanden habe. So war ich am Anfang des Studiums überzeugt: Ich werde Orthopäde. Ich hatte einen Freund, der war Neurologe und Psychiater, und nach einem Jahr Studium wusste ich plötzlich, das werde ich, das wollte ich schon als kleiner Bub. *pro mente* war schon während meiner Studienzeit in Wien aktiv. Otto Lesch war damals Professor und Oberarzt im AKH, zugleich Obmann von *pro mente.* Nach Ende meiner Facharztausbildung nahm er mich in den Vorstand, ich wurde sein Stellvertreter und Nachfolger:

Wir haben Sozialbegleiter, die machen das Jahrzehnte hindurch. Ich glaube, dass der Grund darin liegt, dass es das Schönste für einen Sozialbegleiter ist, positive Rückmeldungen vom kranken Menschen zu bekommen. Wenn es dem gelingt, Schritte zur Selbstständigkeit zu machen, so ist das für den Begleiter eine tiefe Befriedigung.

Kopfüber hineingesprungen

Elisabeth Muschik: Erwachsenenbildnerin, Groupworkerin, Psychotherapeutin, Geschäftsführerin von pro mente Wien 1986 bis 2004

Ich bin 1984 durch einen sonderbaren Zufall zu *pro mente* gekommen. Für meine Gruppendynamik-Ausbildung ist mir ein Praktikum aufgebrummt worden. Was ich vorher gemacht hatte – Hausfrauen-, Mütter-, Jugendseminare und Familienkonferenzen – war nicht genug. Ich sollte auf den Steinhof kommen und die Cotrainerin bei Therapiegruppen machen. Das erste Mal, ich weiß es noch genau, bin ich gut angezogen, stolz auf meinen neuen Rauhlederanzug, hingekommen, und da saßen sie nun in der Gruppe im Kreis: die Männer in gras/spinatgrünen Sakkos, Socken ohne Gummi – das war die Spitalskleidung, dabei war das schon ein Fortschritt, wenn sie nicht im gestreiften Pyjama herumgelaufen sind, was verdammt an KZ-Anzüge erinnert hat. Der Klient neben mir konnte die Tschik bis zum letzten Millimeter wegrauchen. Das war mein erster Eindruck auf der Psychiatrie im Pavillon 25. Da hab ich mir gedacht: zweimal die Woche – das halt ich nicht aus. Und es hat keine vier Wochen gedauert, ist der Arzt auf Urlaub gefahren, und einige Monate später der Psychologe. Ich musste die Gruppen allein weiterführen und bin irgendwie kopfüber hineingesprungen.

Nach einem Jahr wollte ich damit nicht mehr aufhören. Ich habe gefragt, ob ich gebraucht werde, und ich wurde zu Schindler geschickt. Ja, sagte der, er würde mich gerne beschäftigen, aber er kann mich nicht anstellen, weil ich nicht studiert habe, keine Psychologin bin. Aber er sucht jemanden, der für die *pro mente Wien* die Trainingshilfe aufbaut. Ich hab's gemacht, und von da an war *pro mente* mein Weg.

Das ist doch sinnlos, hab ich am Anfang geglaubt. Aber nach einem Jahr konnte ich Veränderungen wahrnehmen. Wenn beim Klienten nichts kommt oder Widerstand entsteht, dann warst du zu schnell oder du wolltest zu viel auf einmal. Dieses Raumgeben hab ich in diesem Jahr gelernt: immer einen Schritt zurück, Raum geben, warten, und trotzdem auf die Wirkung vertrauen. Ich habe mich selbst verändert, und das hat sicher möglich gemacht, dass auch Veränderungen bei den Klienten stattgefunden haben.

Praktikum und Zivildienst

Rudolf P. Wagner: Mediziner, Psychotherapeut, Geschäftsführer von pro mente Wien

Im Rahmen meiner Psychotherapieausbildung in Existenzanalyse und Logotherapie musste ich fast 600 Stunden Praktikum absolvieren, und das tat ich in der Trainingshilfe bei *pro mente.* Ich war davon begeistert, weil ich so Gelegenheit hatte, einen Patienten im privaten Umfeld zu sehen, nicht in der Spitals-Labor-Situation, auch nicht in der psychotherapeutischen Praxis, wo KlientInnen nur bestimmte Gesichter von sich zeigen. Wenn man ihn aber im privaten Umfeld trifft, sieht man einen anderen Aspekt, den der Profi sonst nie zu sehen bekommt. So hatte ich Gelegenheit, mich ein Jahr lang mit einem Patienten auseinanderzusetzen. Das Problem von Nähe und Distanz, wie sehr lass ich mich von dem, was die KlientInnen betrifft, mitbewegen, wie belastet es mich in meiner Freizeit – das kann man anhand dieser Erfahrung lernen. Normalerweise gibt es ganz andere Möglichkeiten fürs Praktikum: Vier Wochen im Spital – das vermittelt ein großes Kaleidoskop von Erkrankungsbildern, aber eben nicht den sehr lange dauernden Kontakt mit den KlientInnen. So lernte ich *pro mente* kennen. Den Zivildienst habe ich bis zum Ende des Studiums aufgeschoben und dann als Zivildiener im KOMM 24 absolviert, während ich zugleich begonnen habe, die Trainingshilfe zu leiten.

Man kann selbst eine Ahnung von psychischer Erkrankung gewinnen. Jeder ist einmal deprimiert oder außer Rand und Band. Sogar Psychosen sind begreiflich. Formal gesehen ist etwa die Schizophrenie eine Denkstörung. Und die kennt man, wenn man sehr übernächtig ist, vor dem Einschlafen. Man ist hochassoziativ, merkt aber, dass man die Gedanken nicht mehr ordnen kann. Da kriegt man eine Ahnung, wie es ist, denkgestört zu sein.

Zuerst gar nicht interessiert

Michael Felten: Betriebswirtschafter, Lebens- und Sozialberater, Geschäftsführer von pro mente Wien

Meinen ersten Kontakt mit sozialen Problemen hatte ich während des Studiums nach der rumänischen Revolution. Nach dem Sturz Ceausescus haben wir zu viert, später zu acht eine private Initiative gestartet und sind mit dem VW-Bus durch die Karpaten an die moldawische Grenze gefahren und haben dort begonnen, Kinderheime zu unterstützen. In Österreich haben wir dafür gesammelt und die Heime vier oder fünf Jahre unterstützt. Beruflich war ich dann in verschiedenen Positionen beim Marketing für den ORF. Anfang 1999 wollte ich mich verändern, habe ins Blaue gekündigt. Meine Stärke sehe ich in Management und Organisation, weniger im Einzelkontakt. Trotzdem habe ich die Ausbildung zum Lebens- und Sozialberater absolviert, die *pro mente* bis heute anbietet. Darüber habe ich Elisabeth Muschik kennen gelernt. Zwar sollte ich zuerst für ein Projekt zur Landschaftspflege angeheuert werden, denn ich hatte auch etwas Forstwirtschaft studiert; das Projekt scheiterte aber an der Finanzierung. Ich traf Frau Muschik zum Frühstück im Café MAX. Nun suchte sie eine Assistenz der Geschäftsführung, und das interessierte mich überhaupt nicht. Zunächst. Drei Tage später hab ich zugesagt.

Im Sozialen etwas zu organisieren, war mein Wunsch, darin sehe ich meine Stärke. Meine Vorstellungen sind zuerst in eine ganz andere Richtung gegangen. Dass ich trotzdem in *pro mente* eingestiegen bin, hab ich seither keine Sekunde bereut!

Sich weiterbilden und den Hoffungslosen helfen

Elfriede Huldberg und Friedrich Härtl: technische Zeichnerin und Finanzbeamter. Sozialbegleiter im Team seit 30 Jahren

Sie: Das kleinste meiner Kinder hat mich von einem Augenblick auf den anderen für immer verlassen. Das war 1969. Plötzlicher Kindestod lautete die Diagnose. Da fing es an: Ich ging über eine Brücke: Spring hinunter! Ein Baum stand am Wegrand: Such dir einen Strick zum Aufhängen! Und wenn ich das wirklich mache, was wird aus den anderen Kindern?

„Klassische Depression", sagte der Hausarzt, „lassen Sie sich in eine psychiatrische Anstalt aufnehmen." Dort erlebte ich hautnah, wie schlecht es den „Irrenhausinsassen“ ging, und wie hoffnungslos klein ihre Chance war, ein erfülltes Leben zu führen. Das war vor der Psychiatriereform. Damals hab ich mir vorgenommen: Wenn ich jemals die Schnauze aus dem Dreck bekommen sollte, dann werde ich mich um die kümmern, die sonst keine Hoffnung haben. Ich hatte eine gute Ausbildung als technische Zeichnerin, aber das verlangte eine extreme Konzentrationsfähigkeit, die ich nicht mehr aufbringen konnte. Eine Ärztin im Psychosozialen Dienst riet mir, den *pro mente*-Kurs in der Urania zu machen, weil ich so erschüttert war, wie schlecht es den Leuten in der Psychiatrie ging. Ich hab den Kurs gemacht und einige Fälle übernommen. Ich lernte Friedrich kennen, der eine extreme Begabung hat, mit psychisch Kranken umzugehen. So hab ich den nettesten Sozialbegleiter von *pro mente Wien* als meinen „Privatsozialbegleiter" gewinnen können. Seither geht es mir gut, und gemeinsam betreuen wir jetzt seit Jahrzehnten eine Gruppe von Psychiatrieerfahrenen.

Die Leute testen einen gnadenlos, die eigene Seele wird geprüft. So bin ich ständig mit Problemen konfrontiert, muss Lösungen suchen. Wenn heute meine Kinder und Schwiegerkinder Probleme haben, dann lächle ich nur müde …

Er: Ich war Finanzbeamter. Eine Augenkrankheit hat mir Schwierigkeiten gemacht, den ganzen Tag genau zu sehen, so dass ich drauf und dran war, mir etwas anderes zu suchen. Ende der sechziger Jahre bin ich in Volkshochschulen gegangen, um mich geistig weiterzubilden. Ich habe alle Kurse belegt, die mich interessierten: Geschichte, Geographie und auch den *pro mente* Kurs, ohne dass ich damals daran gedacht hätte, daraus eine dauernde Beschäftigung zu machen. Einen Fall habe ich zunächst übernommen, aber etwas später hat eine Kollegin aufgehört und mir plötzlich auf einmal 15 Fälle übertragen – und so bin ich dort sozusagen hineingeschlittert. Es war nicht geplant, es hat sich ergeben. Heute habe ich noch sechs Klienten zu betreuen und habe auch Sachwalterfälle übernommen.

Was bringt es uns? Wir müssen ununterbrochen geistig frisch sein. Man muss oft ganz plötzlich reagieren. Manche Pensionisten gehen nur spazieren und füttern die Tauben. Das kann uns nicht passieren. Wir müssen geistig mobil bleiben.

Wenn ich nicht gewesen wäre

Gerlinde Jochum: Diplomierte Sozialarbeiterin, seit 25 Jahren Sozialbegleiterin

Ich bin auf dem Land aufgewachsen, in einem kleinen Ort bei Mistelbach im Weinviertel. Die 300 Einwohner waren eng zusammengewachsen, wie eine große Familie. Mein Großvater war Huf- und Wagenschmied, ein halber Pferdedoktor, zu ihm sind die Leute aus der ganzen Umgebung gekommen. Bei uns war das Haus immer voll, schon als Kind war ich an viele soziale Kontakte gewöhnt. Nach der Schule war ich Erzieherin zuerst für debile, dann für schwer erziehbare Kinder. Später, als ich schon selbst Kinder hatte, habe ich die Sozialakademie gemacht. Einer unserer Vortragenden war Raoul Schindler. Ich habe in der Psychiatrie praktiziert und ein großes Einfühlungsvermögen für psychisch Kranke entwickelt – vielleicht auch deshalb, weil ich vor meiner Ausbildung selbst schwere Depressionen hatte. Ich habe gelernt, damit umzugehen, und wollte meine Erfahrungen weitergeben. Noch dazu gab es in der Verwandtschaft eine Schizophrene, alle haben um sie einen Bogen gemacht, aber ich hatte einen Draht zu ihr. Nach der Ausbildung zur Sozialarbeiterin hab ich keine Stelle mehr angenommen und habe begonnen, *pro mente* Schützlinge zu betreuen.

Seit einem Vierteljahrhundert ist Gerlinde Jochum Sozialbegleiterin. Sie betreute bis zu zwölf KlientInnen, jetzt hat sie noch sechs. „Ich wollte schon einige Male aufhören, aber inzwischen macht mein jetziger Partner eine Tanzgruppe bei *pro mente* und hat so viel Freude daran, dass ich dazugekommen bin. Ich betreue die Leute dort und bin wieder voll drinnen und denke momentan nicht ans Aufhören.“

Ich bin heute sehr zufrieden, ich weiß, die Klienten mögen mich, sie freuen sich, wenn sie mich sehen, sie geben mir oft ein Feedback und sagen: Wenn ich nicht gewesen wäre, hätten sie nicht erreicht, was sie erreicht haben. Sie ziehen mich ins Vertrauen, und ich lerne sehr viel von ihnen.

Psychiatrie und Gesellschaft

Sabrina Scumaci: kommt aus Italien. Klinische Psychologin, Fachbereichsleiterin für Arbeitsintegration

Ich habe zuerst vermieden, eine psychiatrische Anstalt zu betreten, weil ich Angst davor hatte, habe aber das erste Praktikum in der offenen Reformpsychiatrie in Italien gemacht, in Triest. dann bei Arezzo, davor noch in einer geschlossenen Anstalt in Bozen. In Wien hat mich Elisabeth Muschik zum Praktikum auf der Baumgartner Höhe eingeteilt. Weil ich aber nicht in einem Krankenhaus arbeiten wollte, war *pro mente* das Beste, was mir passieren konnte. Ich kann Psychiatrie nicht losgelöst von unserem Gesellschaftssystem betrachten. Für mich ist eine psychiatrische Erkrankung die ärgste Ausprägung dessen, was ein normaler Mensch in seinem Alltag mitmacht. Was mich fasziniert, ist die Sensibilität, die Personen mit psychischen Erkrankung haben, ihr Gespür für Situationen, für ein Leiden und Störungen. Was wir in der Gesellschaft miterleben und versuchen mitzutragen, diesen Druck nach mehr Mobilisierung, Flexibilisierung, Schnelligkeit, daran gehen sie zu Grunde, nicht weil sie dafür nicht geschaffen sind, sondern weil sie spüren, dass es nicht gesund ist.

Menschen mit psychischer Erkrankung haben einen besonderen Abwehrmechanismus entwickelt. Man wird ja verrückt, um überleben zu können. Ich verstehe nicht, warum diese Menschen ausgeschlossen werden. Ich bin stolz darauf, hier zu arbeiten und zu zeigen, was wir mit den Leuten erreichen können, die auf dem freien Arbeitsmarkt keinen Platz haben.

Besuche in den Einrichtungen von *pro mente*, bei Events, Vorträgen, Seminaren. In der Grüngasse mit Blick auf die alte Mühle, beim Neujahrsempfang, bei der Gruppenleitung im hinteren Trakt, in den Räumen der *pro mente*-Akademie, im Max auf dem Stubenring, im KOMM 24 auf der Baumgartner Höhe, in der Galerie Sonnensegel.

Fasching im KOMM 24

Lebendiger Ursprung

Es hat gerade zu schneien begonnen. In den höher gelegenen Teilen Steinhofs ist es etwas kälter, und der dünne Schnee bleibt liegen. Die Straße windet sich in Serpentinen unter den hohen Bäumen des Parks den Abhang des Gallitzinbergs hinauf. Was für eine Zeit, als man die Pavillons für die „Niederösterreichische Landesirrenanstalt" vom damals bedeutendsten Architekten planen und mit seiner Jugendstilkirche krönen ließ! Vor gerade 100 Jahren, 1905 bis 1907, baute Otto Wagner die großzügigste Spitalsanlage Wiens, die heute seinen Namen trägt. Nach englischem Vorbild gab es erste Ansätze einer offenen Psychiatrie, aber es dauerte noch zwei Weltkriege und ein halbes Jahrhundert, bis aus dem Samen eine Pflanze wuchs.

Weit oben, rechts vom Stiegenaufgang zu Otto Wagners zentraler Kirche, steht der Pavillon 24. Man muss ihn von unten betreten, wenn man die älteste Einrichtung von *pro mente* finden will. Im ansteigenden Gelände ist das genau-

KOMM 24 Kaffee Kultur Kommunikation

Dem Ambiente angemessen: Jugendstil-Logo für das KOMM 24

genommen der Hintereingang in den Keller des Pavillons, und das hat durchaus seine Logik: Das Patientencafé KOMM 24 ist eine subversive Erfindung. KOMM steht für Kommunikation, und das war in der alten Psychiatrie, die sich im paramilitärischen Befehlston gefiel, nicht gern gesehen.

Das hat sich zum Glück geändert. Gelbe Wegweiser an jeder Straßenkehre führen hierher. Das KOMM 24 ist kein Geheimtipp mehr – und trotzdem: Auf dem Weg durch den verwaisten, mit leichtem Schnee bedeckten Garten unter den blattlosen Bäumen fürchte ich plötzlich, ich könnte mich verlaufen haben. Hinter den offenen Pfeilern des Vorbaus sind die Gartentische gestapelt. Nichts deutet darauf hin, dass heute, am Faschingsamstag, Fasching im KOMM 24 gefeiert wird.

Nach der zweiten Tür endlich Musik. Der langgestreckte Raum in einem freundlichen lachsfarbenen Ton ausgemalt, an den Kaffeehaustischen sitzen etwa dreißig Personen sehr verschiedener Art. Ganz vorne links spielt Herr Hofer, einer aus dem MAX, und singt dazu nach den Texten, die taktgenau über den Bildschirm laufen. Karaoke heißt das, und es hat den Vorzug, dass jeder Gast zum Mikrophon greifen und mitsingen kann. Die offen liegenden Rohre an der Decke sind mit Papierschlangen behängt. Die Chefin, Vorarbeiterin seit einem halben Jahr, war einmal Dekorateurin. Was ich möchte, fragt mich einer, oder eine – ein breitschultriger Mann, der lieber eine Frau wäre und in Rock und Bluse serviert.

Während ich meinen großen Braunen trinke, danach noch einen Capuccino mit Schlagobersmütze, kommt ein alter Mann mit grauem Wintermantel und altmodischer Schirmkappe herein. Er wählt einen Tisch für sich allein, öffnet mit großer Konzentration sein weißes Plastiksackerl und nimmt eine Packung Kelly-Chips heraus, bestellt sich dazu einen kleinen Kaffee. Am Tisch neben ihm sitzt eine schwarzgekleidete Frau mittleren Alters direkt unter dem Lautsprecher und bewegt sich im Rhythmus der Musik. Vor mir, neben der Kuchenvitrine, sind ein paar Tische zusammengeschoben, acht Leute sitzen da und unterhalten sich unauffällig.

Einer aus dem vierköpfigen Stammteam, Verkäufer von Beruf, bis ihn der Arbeitsstress in Wahnvorstellungen trieb, erklärt mir, wer hier welche Aufgabe hat. Das Publikum sind Patienten aus den umliegenden Klinikpavillons, hierher kommen sie allein oder mit ihren Verwandten, die sie besuchen. Aber nicht nur:

Viele wohnen in der Stadt, kommen also mit den städtischen Bussen 47a oder 48a von ziemlich weit her, um hier zur Öffnungszeit zwischen 13.00 und 17.00 Uhr ein bisschen Kaffeehausatmosphäre zu genießen. Es sind ehemalige Patienten, so wie das Team, das den Betrieb managt. Der Verkäufer hat eine Berufsunfähigkeitspension, wird von einem Sozialbegleiter betreut und sorgt hier gemeinsam mit den anderen vom Team für Ordnung. Ist es hier immer so ruhig? Selten genug, dass jemand Radau macht; aber dann wird ihm die Tür gewiesen.

Seit 1979 gibt es das KOMM 24. Zehn Leute werden hier zur Arbeitserprobung beschäftigt, „niederschwellig", wie es im Fachjargon heißt. Es ist ein erster Schritt heraus aus der psychischen Erkrankung, vielleicht folgt ein zweiter im Café-Restaurant MAX – dort immer noch mit Betreuung, aber sonst unter normalen Arbeitsverhältnissen. Aber was wäre ein Kaffeehaus ohne Publikum? Als das KOMM 24 vor Jahresfrist wegen Personalmangel zeitweise gesperrt wurde, war die Aufregung groß. Beschwerden aus dem Haus, Anrufe aus der Stadt drängten auf die Wiedereröffnung. Heute, am Faschingsamstag, kann man ahnen, warum. Es geht nicht um große und turbulente Feste, auch wenn das Sommerfest im Garten mit Grillstation mehr Trubel bringt. Nein, es geht um den geschützten Raum, eine Höhle des Vertrauens unter einem der großen Pavillons, ein Ort, an dem man sein darf, wie man ist. Wer hier aus- und eingeht, weiß: Alle, die da sitzen, sind an ihrer Seele krank geworden, mühen sich

Sommerfest vor den Toren des KOMM 24

ab, aus Verwirrung und Dunkelheit wieder herauszufinden; aber hier nötigt sie niemand, Theater zu spielen und sich stärker zu geben, als sie sind. Deshalb kommen sie hierher auch aus der Stadt, wo es genug Kaffeehäuser gibt, aber bisher keines für sie.

Ein Mädchen mit langen schwarzen Haaren hat zum Mikrophon gegriffen und singt mit. Ein Mann mit einem Sauerstoffbehälter kommt herein, hinter ihm am Plastikschlauch eine Frau. Sie kommt „aus der Lunge", wird mir erklärt – das ist das Pulmologische Zentrum in den westlichen Pavillons. Die alten Schlager samt Bildschirmtext verbreiten ein wenig Gemütlichkeit. Eine von denen, die hier „arbeitserprobt" werden, ist für ein Gespräch zu haben. 30mal hat sie sich bei verschiedenen Firmen vorgestellt, viermal Probetage absolviert, aber niemand hat sie genommen. Seit 21 Jahren, ihr halbes Leben, lebt sie in zwei Welten, Wahn und Wirklichkeit halten einander im Gleichgewicht, in ihrem Kopf und in ihrer Rede. Sie sei schon als Kind misshandelt worden, mit 16 ausgezogen. Sie habe Matura gemacht und zwei Semester Jus studiert. Realität oder Einbildung? Sie redet sich in Schwung, ihre Sprache ist gewählt, ihr IQ stünde bei 130, verrät sie, und sie macht einen gebildeten Eindruck. Nur wenn sie erzählt, sie würde in der U-Bahn Reden halten, wechselt der Ausdruck ihres Gesichts. Wenn Fahrgäste sie durch Bemerkungen oder Bewegungen – sei es auch unabsichtlich – verletzen, würde sie lautstark antworten und mit Fäkalausdrücken nicht sparen. Da bricht etwas wie hilflose Aggression aus den schönen und ebenmäßigen Zügen der 45jährigen. Alles wird der hauchdünnen Haut ihrer Seele zur Verletzung. Deshalb, erzählt sie, sei sie acht Tage in Griechenland gewesen und von Samos aus zur Insel Leros gefahren; dort nämlich existiere eine Klinik mit der alten brutalen Psychiatrie, und diese Missstände wollte sie aufdecken. Realität oder Einbildung? Jedenfalls hat sie power – sie sagt es von sich, und ich glaube es ihr. Zu viel Sensibilität für so viel Kraft. Beiläufig mischt sich die andere Welt, in der sie lebt, in ihre Rede. Mit der Kreativität ihres Wahns baut sie eine Mauer um sich. Wer würde sie schützen, wenn ihr genommen wird, womit sie sich aufrecht hält?

Der alte Mann hat seine Chips verzehrt, seinen Kaffee getrunken und will zahlen. Er geht der Frau vom Team, die kassiert, ein paar Schritte entgegen. Sein hageres Gesicht kommt dem ihren nahe und während sie das Geld nimmt, streicht er ihr mit zwei Fingern zärtlich über die Wange. Sie hat ihn ja bedient. Er lächelt. Eine Sekunde scheint er glücklich, dann trottet er hinaus in den Schnee. Würde ihn draußen noch irgendjemand bedienen?

MAX oder die schräge Kochmütze

Speisen an der Ringstraße

Die Kopfbedeckung des Küchenchefs neigt sich nach hinten, als würde er im Laufschritt seiner Arbeit nachgehen, um die Gäste nicht warten zu lassen, und als bremste er plötzlich ab, um das Weinglas vor sich nicht umzustoßen. Das Restaurantschild des MAX zeigt sich kurz vor der Biegung des Stubenrings nach Norden, wenn man vom Luegerplatz kommt. Von dort sind es nur mehr ein paar Schritte zur Urania – als wäre das ein Zufall.

Das MAX ist für den hungrigen Gast ein Restaurant wie jedes andere. Ein heller Raum, wenn man eintritt, dominiert von einer eleganten nussholz-getäfelten Theke, und ein langer Gang mit Sitznischen, der die zentrale Küche umrundet. In einer solchen Nische nehme ich Platz, drei Kellner im weißen Hemd mit schwarzer Fliege und langen grauen Schürzen stehen bereit, überdies eine Frau im schwarzen Servierdress. Mein Platz ist gut gewählt, denn ich sehe durch die Durchreiche in die Küche. Da laufen sie wirklich herum, die Träger der schrägen Kochmütze, unter ihnen auch eine Frau im blauen Arbeitsmantel. Sind Frauen hier einer anderen Kleidervorschrift unterworfen? Ich werde es später erfahren.

Die Speisekarte ist auffallend wienerisch. Auffallend, weil das moderne Design des Restaurants eher auf internationale Küche schließen lässt. Wiener Schnitzel, selbstverständlich, Wiener Backhenderl, Wiener Backvarianten, Kartoffelguylasch (so geschrieben!), Palatschinken, Kaiserschmarrn, Powidltascherl – und dazu neun Weißweine und acht Rotweine, alle aus Österreich; ein einziger italienischer Barolo hat sich in die patriotische Auswahl verirrt.

Die Rätsel lösen sich allmählich im Gespräch. Ein Hinweis für Eingeweihte ist auf der Speisekarte unter den Desserts zu finden: die *pro mente*-Schokolade-

Flott unterwegs: Das MAX ist zum Markenzeichen geworden.

schnitte mit Schlag. Also doch kein ganz gewöhnliches Restaurant. Es stellt sich heraus, dass die abweichend gewandeten Personen „Schlüsselarbeitskräfte“ sind: Sie befehligen die Küche und das Service und gewährleisten die Stabilität des Betriebs, während alle anderen auf dem Rückweg aus ihrer psychischen Erkrankung für den freien Arbeitsmarkt trainiert werden.

Es ist ihre einzige Chance. Ich spreche mit ihnen im Hinterzimmer des Restaurants, geeignet für Partys und Ausstellungen. Da ist der Kurde aus dem Irak, seit sieben Jahren mit Frau und Kindern in Wien, von den Traumata des Kriegs und der Verfolgung durch Saddam Husseins Geheimdienst eingeholt: Schwere Angstattacken, Depressionen und Schlafstörungen haben ihn arbeitsunfähig gemacht, haben ihn gezwungen, den Job mit der Psychiatrie zu tauschen. Dort erst hat er erfahren, dass er psychisch krank ist, während er davor die Symptome auf Nerven, Herz und Lunge geschoben hatte. Es folgten Arbeitslosigkeit, Kurse über das AMS, Jobsuche bei sozialökonomischen Betrieben, bis er schließlich beim MAX gelandet ist. „Eine sehr gute Atmosphäre“, schwärmt er geradezu, „super Chefs sind da. Man kriegt viel Hilfe und Vertrauensvorschuss.“ Jetzt geht es ihm besser. 13 Tabletten schluckte er täglich, als er hier anfing, jetzt nur mehr zweieinhalb.

Darauf ist auch der Lehrling stolz: Er kommt sogar schon ohne Tabletten aus. Mit fünfzehn hatte ihn die Schizophrenie ins Spital getrieben. Er wurde die Stimmen nicht los, die ihm jede Gelegenheit zum Selbstmord nahe legten. Er kommt aus einem steirischen Dorf und kann sich dort nicht mehr sehen lassen; dort (nur dort?) ist ein psychisch Kranker immer noch nichts weiter als ein Verrückter. Hier im MAX kann er auslernen, denn hier wird er nicht allein gelassen. „Wenn ich beim ersten Mal nicht versteh, wie man ein Schnitzel frittiert“, sagt er, „wird’s mir noch einmal gezeigt oder ein drittes Mal. Woanders wär ich schon hinausgeflogen.“ Denn hier weiß die „Schlüsselarbeitskraft“, dass psychische Erkrankung nichts mit Dummheit zu tun hat, sondern mit Schwierigkeiten der Wahrnehmung, der Konzentration und der Selbstdistanzierung von den Energie verschlingenden Prozessen eines wuchernden Innenlebens. Die geschenkte Aufmerksamkeit wird weitergegeben: „Wenn ich seh, dass es dem Kollegen schlecht geht“, sagt der Lehrling, „frag ich ihn nicht aus, sondern versuch, ihn aufzuheitern.“ Denn er weiß, wie gut das tut, wenn es ihm selber so geht.

Noch attraktiver seit 2005: Das MAX nach dem Umbau

Familiengeschichten sind oft hintergründige Ursachen. Wie der steirische Lehrling nicht mehr ins Dorf seiner Eltern zurück kann, so leidet der Kurde bis heute an der Abwesenheit seines Vaters, der als Handlungsreisender nur einmal in vier Wochen heimkam. Das Kind liebte den abwesenden Vater, während es von der Angst vor Krieg und Diktatur aufgefressen wurde: „Meine Kindheit war eine Katastrophe." Flucht und Asylantenexistenz schlossen sich an, zur Heimatlosigkeit kamen die täglichen Demütigungen, denen Ausländer ausgesetzt sind. Das MAX ist keine Heilanstalt und kann doch heilen. Ein Betrieb mit menschenwürdiger Atmosphäre – wäre das nicht ein Modell für Betriebe, in denen die „ganz normalen" Arbeitnehmer tätig sind? Um die psychische Gesundheit am Arbeitsplatz zu retten, bevor es zu spät ist?

Um mit Leuten zu arbeiten, die eine Seelenlast zu tragen haben, braucht man mehr als Kochkunst und das Balancieren des Serviertabletts. Unter solchen Bedingungen eine Küche zu führen, braucht Standfestigkeit und Erfahrung. Wenn aber dann einige von denen, die gelernt haben, Karriere machen und sogar angesehene „Kochkünstler" werden, ist das ein wichtiges Erfolgserlebnis. Wenn manche psychisch Kranke stark aggressiv sind, fragt man sich schon manchmal, warum man sich das eigentlich antut. Aber derzeit ist das Team sehr friedlich. Wichtig, dass hier immer die Psychologin und die Sozialarbeiterin zu erreichen sind, wenn Probleme auftauchen. Da war zum Beispiel ein Lehrling, der sich nichts zu fragen traute. Wenn er nicht gleich verstand, was er tun sollte, tat er irgendwas und jedenfalls das Falsche. Nur nicht noch einmal fragen! In langen Überlegungen hat die Psychologin herausgefunden, was der Grund war: „Er traute sich nicht nachzufragen, weil er schon zu oft etwas über die Rübe gekriegt hatte." Nachfragen wurde mit Herabsetzung bestraft – das war seine Erfahrung. Er brauchte lang, um sich die andere, neue Erfahrung im MAX anzueignen.

Wie soll der Speiseplan aussehen? Für internationale Küche scheint es noch zu früh, denn der Kunde bestimmt, was auf den Tisch kommt. Zu Mittag ist das Lokal voll, im Sommer auch der Vorgarten. Denn nebenan hat die Wiener Wirtschaftskammer ihren Sitz und schräg gegenüber steht das k. u. k. Kriegsministerium, beschützt von dem bronzenen Reiterstandbild des Feldmarschalls Radetzky, und darin hausen heute unzählige Beamte verschiedener republikanischer Ministerien. Sie ziehen das MAX irgendwelchen hausinternen Kantinen vor, bekommen daher rechtzeitig den Menüplan ins Büro geliefert – und wählen das Wienerische! Mit anderen Worten: Wenn zu viel Kücheninternationale unter der schrägen Kochmütze aufgelistet ist, gehen sie lieber in ein anderes Beisl, es gibt ja rundum genug davon. Im MAX aber, dem Wiener Beisl in Sichtweite der Urania, wo *pro mente* die ersten Schritte in die Öffentlichkeit getan hat, kann man sich für ein Mittag- oder Abendessen zu Hause fühlen, ohne zu wissen, was für ein besonderes Restaurant es ist. Würde die *pro mente*-Schokoladeschnitte von der Speisekarte gestrichen, wäre die Tarnung perfekt. Ein wenig rätselhaft bliebe dann nur die verständnisvolle Freundlichkeit der Bedienung, die auch dem Gast gestattet, einmal schweren Herzens dazusitzen.

Ein paar Monate später noch einmal im MAX. Ein neuer Chef in der Küche hat die Speisekarte umgestellt. Vis-a-vis im MAK, dem „Museum für angewandte Kunst", hat sich ein hervorragendes Restaurant etabliert, wo übrigens ein im MAX geschulter Kellner seinen Arbeitsplatz gefunden hat. Dort wird wienerisch gekocht, also hat sich das MAX „kulinarisch neu positioniert", wie es im professionellen Jargon heißt: international mit einem mediterranen Touch. Nur die Weine kommen nach wie vor aus Österreich, mit Ausnahme des Barolo; der ist unersetzlich.

Das Training in der Küche ist noch professioneller geworden. „Wir haben eine Fotodokumentation", berichtet der Oberkoch aus dem Allerheiligsten, in dem die Speisen kreiert werden. „Bei uns sieht man vom ersten bis zum letzten Bild die komplette Entwicklung der Speise samt Rezepturen." Solche Lernbedingungen sind einmalig! Das wäre ein attraktives Kochbuch, meine ich. Aber für Schriftstellerei ist keine Zeit. Dafür erfahre ich noch ein weiteres Küchengeheimnis. „Wir verwenden keine Fertigprodukte, wir zerlegen alles selbst, kaufen nichts zu, verwenden keine Geschmacksverstärker. Wir machen alles selbst, sogar die Nudeln. Bei uns werden ganze Hühner zerlegt, Fische filetiert, Rehkeulen zugerichtet – das motiviert die Leute." Denn manche haben schon Gastronomieerfahrung und waren deprimiert, weil sie nur mehr vorgefertigte „Packerln zusammenrühren" mussten. Nun, das zu wissen, motiviert nicht nur die Köche. Ich werde öfter ins MAX essen gehen.

Zentrum Grüngasse

Auffangstation in Hoffnungsfarbe

Die Grüngasse ist eine Sackgasse, wenigstens an ihrem stadtseitigen Ende. Mit der freundlichen Farbe hat sie nichts zu tun, vielmehr mit einem ehemaligen Grundbesitzer des Namens Vinzenz Grün. Es muss also andere Gründe haben, dass sich das *pro mente*-Zentrum auf Nummer 1a der innenarchitektonisch selten gebrauchten Farbe kräftig bedient. Außen sind die Wandflächen zwischen den vierzehn Betonpilastern blassgrün gemalt, innen folgt ein dunkelgrüner Streifen den Treppenstufen, und der grüne Handlauf windet sich um den Aufzug, dessen Schacht und Türen in derselben beruhigenden Farbe dastehen. Der Bürobau aus 1929 ist eigentlich das Hinterhaus der Zinskaserne Schönbrunnerstraße 4, ein Zubau von einiger Qualität, der es sogar zu einer Erwähnung im Wiener Architekturführer von Friedrich Achleitner gebracht hat. Der Zweckbau ohne Dachboden war zuletzt ein Architektenbüro gewesen und ist dann fünf Jahre leer gestanden, ehe *pro mente* ihn mietete, weil die Räume am Stubenring zu eng geworden waren.

Die Grüngasse ist eine Sackgasse. Das Gittertor an ihrem Ende schützt sie vor Durchzugsverkehr, macht sie zu einer Auffangstation. Am Empfang rechts vom

Domizil seit 2000: pro mente bevölkert die Grüngasse

schmalen Eingang wird man mit ausgesuchter Freundlichkeit begrüßt, zumeist von Gusti Waldner: Sie kennt alle Bürostationen von *pro mente* seit zwei Jahrzehnten. Gleich links gegenüber lädt der Aufenthaltsraum mit Küchenzeile und Getränkeautomat ein. Am hinteren Ende des Empfangsraums führt eine unauffällige Tür in den großen Saal – soeben frisch gemalt in blassem Grün. Hier präsentiert sich *pro mente* der geladenen Öffentlichkeit: Zum Neujahrsempfang ist der Saal gerammelt voll, vorne Sesselreihen, hinten Stehplätze, ganz vorne auf der Tribüne singt der *pro mente*-Chor. Die Grüngasse, eine Auffangstation: Diejenigen, die schwer an ihrer Seele tragen, haben hier singen gelernt. Und nicht nur das. Sie musizieren, nennen sich nicht ohne Selbstironie „Groove Department“ unter der Leitung von Jürgen Jagfeld, und sie spielen Theater als Freizeitgruppe. Die Tribüne ist ebenso Schauplatz von Lesungen und Diskussionen, zu denen mit Bedacht immer wieder Prominente aus Wissenschaft und Sozialpolitik eingeladen werden. Hier reden sie nicht über entfernte Betroffene, hier sind sie mitten unter ihnen.

Hier mischen sich auch Journalisten unter die Betroffenen. Was die Medien über psychische Erkrankungen transportieren, ist oft genug eine zusätzliche Verletzung. Meldet die Agentur einen Mord in fünf Zeilen und vermerkt dazu, der Täter sei in psychiatrischer Behandlung gewesen, dann ist es schon passiert: Psychisch Kranke sind lebensgefährlich, glaubt der Empfänger der Nachricht zu verstehen. Das ist zwar erwiesenermaßen falsch, aber die paradigmatische Verknüpfung von psychischer Erkrankung und Verbrechen schreibt sich ins Bewusstsein ein. Um gegen solche Stigmatisierungen anzukämpfen, ist hier ein Ort, wo die Multiplikatoren lernen können, dass psychisch Kranke (oder krank Gewesene) ganz normal sind, so normal mindestens wie jene hektischen Zeitgenossen, die der Schweizer Psychiater Arno Gruen vom „Wahnsinn der Normalität“ befallen sieht; denen jene Sensibilität abgeht, von der psychisch Kranke vielleicht zu viel haben: Es sind die scheinbar so potenten Macher unter Politikern und Wirtschaftsleuten, die völlig unbetreut frei herumlaufen.

Die Stockwerke darüber sind kein Ausflugsziel für Besichtigungen: Büroräume, Sitzungszimmer, Seminarräume und die *pro mente*-Akademie. Das Vorzimmer des Primarius Schindler auf dem Steinhof, in dem alles angefangen hat, reicht nach vierzig Jahren nicht mehr. Für den Lokalaugenschein bleibe ich lieber zu ebener Erde. Ein schmaler Ausgang führt neben dem Aufzugsschacht in den Hof, in dem eine Birke und ein Ahorn ihre Kronen auf hohen, schmalen Stämmen über die Dächer heben. Wenige Schritte und ich betrete von hinten durch die Hoftür das Haupthaus, die Mietskaserne an der Schönbrunnerstraße. Die hellen, gewölbten Parterreräume sind die Heimat der *pro mente*-Selbsthilfegruppen. Hier werden sie organisiert, hier kommen sie zusammen. Außenstehende Beobachter haben zu den Gruppen keinen Zutritt, aber Einzelinterviews zu diesem Buch haben hier stattgefunden. Die Wände und Bögen dieser Räume waren schon Zeugen vieler Schicksale, sie scheinen eine Atmosphäre der Offenheit zu begünstigen, die sich der Diskretion gewiss sein kann. Das Unglück ist launenhaft wie das Glück. Was würde es auch helfen, die unglücklichen Seelen nach vergangenen Ursachen und Gründen zu fragen? Was vor ihnen liegt, braucht einen neuen Anfang. Basisarbeit im Parterre der Schönbrunnerstraße, darüber ganz gewöhnliche Wiener Wohnungen. „Zu ebener Erde und erster Stock“ – wieso wusste Nestroy schon vor 170 Jahren davon und nannte sein Stück im Untertitel: „Die Launen des Glücks“?

Die Grüngasse ist eine Sackgasse, aber sie bleibt es vielleicht nicht. Wo sie an der Feuermauer des *pro mente*-Hauses endet, öffnet sich ein baumbestandener Platz zwischen den umliegenden Häusern, in dessen Mitte die älteste noch erhaltene Mühle Wiens steht: die Heumühle; fast eine Ruine, aber unter Denkmalschutz, wartet sie auf die baldige Renovierung. Sie gehörte seit dem 13. Jahrhundert dem Heiliggeistspital, wurde von den Türken 1529 niedergebrannt. Danach, wiederaufgebaut, produzierte sie noch 300 Jahre lang Mehl, bis ihr Mühlbach zugeschüttet wurde. Dann war sie lange Zeit ein Gasthaus, und ihr Garten ein kleines Paradies für den Sonntagsausflug um die Ecke.

Vielleicht wird *pro mente* einen Fuß in die Tür der Heumühle stellen können. Vom Spital bis zum Gasthaus, von Steinhof bis zum MAX verfügt *pro mente* über alle einschlägigen Kompetenzen. Die Grüngasse würde dann nicht mit einem Gittertor enden, sondern mit einem Park um ein schönes altes Haus. Mehr Grün hätte die Grüngasse dann für *pro mente* als die zwei hageren Bäume im Hof.

Innovation und Tradition: Die Heumühle wartet auf ihre Renovierung

Vernissage im Sonnensegel

Die Kunst der Toleranz

Die Namen der unregelmäßigen Gassen verraten einen ganz alten Teil des 4. Bezirks am rechten Ufer des Wienflusses: Heumühlgasse, Mühlgasse, Preßgasse. Ein Stück der Mühlgasse hieß bis in die Mitte des 19. Jahrhunderts Schmiedgasse, eine anderes Mühlbachgasse; aber der vom Wienwasser gespeiste Bach wurde 1856 zugeschüttet. Die Preßgasse schließlich hieß einmal zum Teil Schiffgasse und hat ihren Namen vom „Gasthaus zur goldenen Presse".

Das Eckhaus Preßgasse/Mühlgasse ist weitaus jünger als das Grätzel, aber der alte Straßenverlauf hat dem Architekten einen spitzen Winkel im Grundriss aufgezwungen, dessen Ecke er mit einem respektablen Turm bekrönte. Das Erdgeschoss fällt auf: Riesige Fenster geben den Blick in den weitläufigen hellen Innenraum frei, ein Loft zu ebener Erde erstreckt sich in zwei gegabelten Raum-Armen, wenn man vom Eingang an der Ecke hereinkommt. Links verrät eine Wand aufgetürmter messingfarbener Postkästen, dass hier für manche ein Ersatz-Zuhause geschaffen wurde. Ansonsten weiße Wände, stark farbige Gemälde, rechts eine Raumteilung, dahinter das Atelier, die Malwerkstatt.

pro mente Wien hat ein bestehendes Kunstprojekt übernommen und im Frühjahr 2005 hier etabliert: das „Sonnensegel". Der künstlerische Leiter Donat

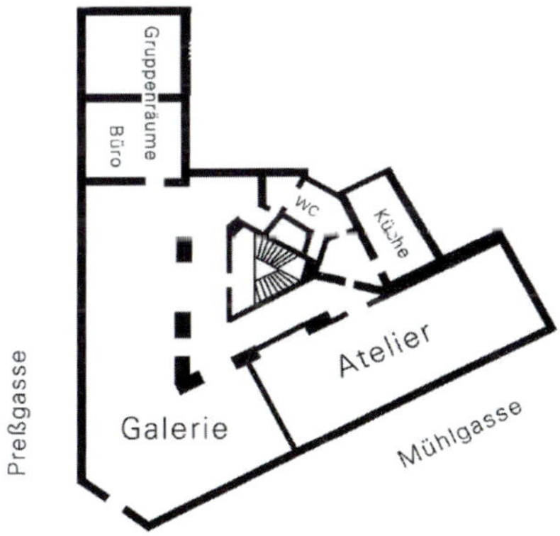

Ein kreativer Keil in den 4. Wiener Bezirk: das Sonnensegel im Grundriss

Grzechowiak nennt das Sonnensegel: „Ein verrücktes Projekt in einer normalen Welt – oder ein normales Atelier in einer verrückten Welt. Es kommt nur auf die Perspektive an.“ So ambivalent diese Definition scheint, so zutreffend ist sie heute Abend. Es ist Leben im Sonnensegel, die Vernissage eines der hier tätigen Künstler steht auf dem Programm. Die *pro mente*-Geschäftsführung ist gekommen, auch die Bezirksvorsteherin, die das Sonnensegel in einer kleinen Ansprache würdigt. Übliche Floskeln, könnte man meinen, aber doch ein wenig mehr: Der alte Boden, das Grätzel mit Geschichte, scheint etwas zu bedeuten. Beheimatung? Verwurzelung? Ist es nicht gerade die allseits geforderte Flexibilität, die Grenzenlosigkeit der Globalisierung, die Menschen verrückt macht? Psychisch Kranke brauchen das Gegenteil. Einen Ort, eine Umgebung, deren Kulissen nicht ständig wechseln.

So weit führt das die Bezirksvorsteherin nicht aus, aber während es mir durch den Kopf geht, sehe ich den Künstler, dem der Abend gewidmet ist. Er steht da, isoliert unter den Vernissage-Gästen, ein großer Mann, noch nicht vierzig, mit leicht gebeugtem Rücken. Selten spricht ihn jemand an, und er hält auch keine Rede, das überlässt er Donat, dem künstlerischen Leiter. „Er spricht nicht sehr viel“, schreibt dieser im Ausstellungskatalog, „meist antwortet er nur kurz, dafür spiegelt sich sein reiches Seelenleben in seinen Bildern … Seine Arbeitsweise kann man am besten mit musikalischer Improvisation vergleichen.“

Zwei Arbeiten aus dem Atelier des Sonnensegel

Das interessiert mich. Ich rede den Künstler an, frage, wie seine Bilder entstehen. Seine Antwort ist wirklich einsilbig. Drei davon male er an einem Tag, gibt er mir Bescheid. Schnelligkeit, Improvisation – es müssen Eruptionen sein, die ihn den Pinsel führen lassen. „Die Angst vor dem weißen Papier", schreibt er im Katalog, „ist eine Erfahrung, die ich früher nicht feststellen konnte. Erst seit meinem Eintritt in das Atelier Sonnensegel ist sie die treibende Kraft in meinen Bildern." Dahinter steht eine Leidensgeschichte, ein Leben mit schmerzhaften Unterbrechungen. Er hat an der Akademie studiert, hatte Ausstellungen in Wien, London und New York; mit 32 zwang ihn ein Anfall von Schizophrenie in die Psychiatrie, drei Jahre später noch einmal. „Warum man mit 120 Bildern im Monat in einer Schaffenskrise stecken kann", fragt er sich selbst im Katalog. Tatsächlich, die Anspannung vor der Vernissage macht ihm zu schaffen, seit einiger Zeit malt er nicht mehr. Donat Grzechowiak macht sich Sorgen um ihn, denn Stress kann psychisch Kranke schnell aus dem mühsam aufrecht erhaltenen Gleichgewicht kippen.

Unterdessen wogen die Gäste zwischen Bildern und Buffet. Gesund oder krank macht da keinen Unterschied. Jeans und Lederjacken, adrette Anzüge, schlampige Polohemden, seltsame Hüte, knallige Pullover – alles gemischt und eingetaucht in eine Atmosphäre des wechselseitigen Wohlwollens. Der gesponserte Wein kommt aus der Toskana und aus Sizilien, die Brötchen sind bodenständig

Bereit für die Gäste: Das Sonnensegel vor der Vernissage

mit Aufstrichen vom Naschmarkt. Viele Bilder werden verkauft, sie sind vergleichsweise billig, erbringen aber doch einen Teil des noch nicht ausfinanzierten Jahresbudgets. Eine Pharmafirma, eine Bank, die Gemeinde halten das Kunstraumprojekt für psychisch Kranke über Wasser. Zudem können die Räume auch für Veranstaltungen gemietet werden – hier oben und unten im Keller mit Bühne und Proberaum für Bands, Partys, Theater.

Nach zwei Stunden gehe ich, die Galerie ist noch immer dicht bevölkert. Das Programm für die nächsten Vernissagen, mindestens eine im Monat, nehme ich mit. Nur ein paar Schritte sind es zum Naschmarkt. Dort haben untertags Türken und Bosnier, Russen und Serben das Sagen. Sonnensegel und Naschmarkt: zwei Zonen der Vielfalt, der Toleranz. Was ist normal? Normal ist es, alle zu nehmen, wie sie sind, woher sie auch kommen, worunter sie auch leiden.

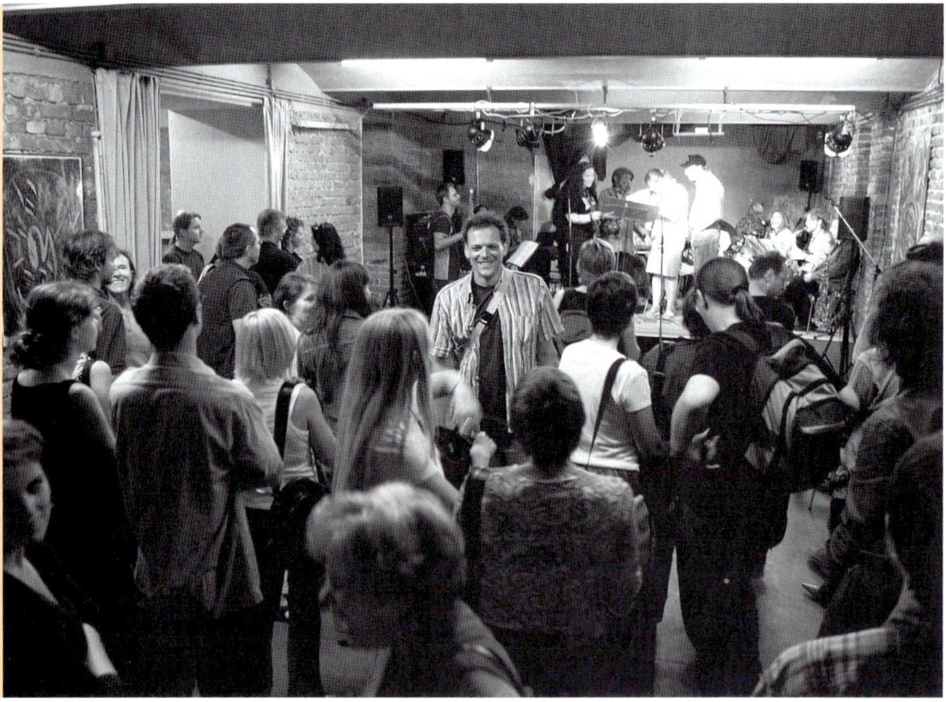

Event im Sonnensegel: in der Mitte Michael Felten

6 Rekonvaleszenz der Seele

Entlassung aus der stationären Behandlung psychisch Kranker ist nicht genug. Wie sollen sie sich plötzlich im „normalen“ Leben zurechtfinden? Es müssen Zonen des Übergangs geschaffen werden. Die Erfindung der Trainingshilfe, Experimente mit betreutem Wohnen, Arbeitsintegration. Die Aktionen „Gesundheit am Arbeitsplatz“ und „Atempause“ sorgen dafür, dass der Arbeitsstress nicht wieder zur Krankheit führt. Um zu ermessen, was da an Fortschritt für die Patienten gelungen ist: zuerst ein Rückblick auf die alte Psychiatrie.

Die Psychiatrie von gestern

Ludwig Schrittwieser hat sie erlebt

„Ich hab so ein Glück gehabt im richtigen Moment, zur richtigen Zeit in der richtigen Position zu sein.“ Ludwig Schrittwieser hat den Wechsel von der alten zur neuen Psychiatrie beruflich miterlebt. Skandale haben die Politik in Bewegung gebracht, aber das wäre nutzlos gewesen, wären nicht die Konzepte einer neuen Psychiatrie schon entworfen und herzeigbar praktiziert worden. Raoul Schindler war mit *pro mente* der Psychiatriereform schon 15 Jahre voraus, als es Anfang der 80er Jahre endlich soweit war.

Der Obersteirer Schrittwieser hatte zehn Jahre im Gastgewerbe gearbeitet, aber Betrunkene um ein Trinkgeld zu bedienen, befriedigte ihn auf die Dauer nicht. Ein Sozialberuf schwebte ihm vor, und er ging nach Wien. Er bewarb sich auf der Baumgartner Höhe und wurde mit einer dreijährigen Fachausbildung zum diplomierten psychiatrischen Krankenpfleger. Das war 1975, und sein Arbeitsplatz war das Primariat Gross. „Ich hab die alte Psychiatrie noch live erlebt“, erzählt er: „37 Betten in einem Zimmer! Wir hatten auf der Station 95 Betten, aber 140 Patienten, also mussten zwischen den Betten noch Strohsäcke als Nachtlager aufgelegt werden. Das wurde später verboten, so dass die restlichen Patienten am Abend auf einen anderen Pavillon geführt wurden. Es herrschte der Befehlston. Patienten, die für die Außenarbeit eingeteilt wurden, haben als erste die Medikamente gekriegt und dann kam der Schrei vom Pfleger: ‚Aaaauuußßßßenarbeit!' Aufstellen in Zweierreihen und Abmarsch. Sehr organisiert war das, wie Zwangsarbeit, und streng strukturiert, aber nicht für die Patienten und Patientinnen, sondern für den Tagesablauf der Klinik. Denn alles muss seine Ordnung haben und es gibt nur einen, der Recht hat, der das weiße Gewand und die Schlüssel hat. Alle anderen sind ja nicht umsonst da …"

Es herrschte eine strenge Hierarchie. Mit dem Primar und mit der Oberärztin durfte nur der Stationspfleger reden und nicht irgendwer vom Personal. Die Nazizeit war Tabu. „Wenn man im Gross-Primariat gefragt hat: „Wie war denn das damals?," war die Antwort: „Pass auf, dass Du nicht eine Klage an den Hals kriegst, denn da war ein Prozess, er ist frei gesprochen worden …"

Die Wende in Zahlen

Karl Dantendorfer erinnert sich

Die 25 Jahre, die ich überschaue, haben eine dramatische Entwicklung gebracht: Wie schwer eine Erkrankung heute abläuft und wie sie noch vor 25 Jahren abgelaufen ist, lässt sich an den Krankenhausbetten zeigen. In den 70er und Anfang der 80er Jahre gab es in Österreich über 10.000 Betten in psychiatrischen Krankenhäusern und Kliniken, allein die Baumgartnerhöhe hatte damals etwa 3.500 Betten – und heute sind wir bei unter 3.000 Betten österreichweit, im Otto-Wagner-Spital gibt es nur mehr 600 – und das ist die größte Einrichtung in Österreich überhaupt. Für 80 Prozent der PatientInnen bei Schizophrenie hieß die Diagnose, dass sie den Großteil ihres Lebens in der Psychiatrie verbringen mussten. Heute gibt es nur mehr ganz wenige LangzeitpatientInnen, die überwiegende Mehrzahl lebt zu Hause, und damit sind die Anforderungen ganz andere geworden. Und dieser Wandel ist mehr oder weniger klaglos über die Bühne gegangen. Diese mehrere tausend Menschen mit schizophrenen Erkrankungen, die vor 25 Jahren noch auf der Baumgartner Höhe stationär waren, leben jetzt in Wien in eigenen Wohnungen, in Wohngemeinschaften, im Gemeindebau, und sie fallen de facto nicht auf.

Ludwig Schrittwieser war 22 Jahre Lehrpfleger, und er durfte miterleben, wie sich die Psychiatrie gewandelt hat. Vorher gab es Einheitskleidung: die Sommerkleidung aus Leinen, schwarz weiß gestreift, die Winterkleidung aus grauem Flanell. Getauscht wurde nicht der Temperatur entsprechend, sondern streng nach Datum: Mitte Oktober und Mitte März. Und jetzt durften die Patienten ihr eigenes Gewand haben, ihre eigene Unterwäsche tragen. „Ja, wo kommen wir denn da hin?“ fragten sich ältere Schwestern. Es wurden Waschmaschinen aufgestellt, damit Patienten ihre Kleidung selbst waschen konnten. „Katastrophe! Einer hat seinen Pullover zu heiß gewaschen und der ist ganz klein herausgekommen! Das geht ja nicht!“ Fragt sich nur, in welchem Wiener Haushalt so etwas noch nicht passiert ist! In dieser spannenden Übergangszeit wurde schnell klar, wie viele vom Pflegepersonal den Wandel mitgetragen haben, „auch jüngere Ärzte, die sich halt früher aufgrund des Drucks von oben nichts zu sagen getraut haben“.

Die Umstellung war ein Lernprozess nicht nur für die Patienten. „Wir waren ja so gescheit“, erinnert sich Schrittwieser. „Wir hatten auf den Stationen Übungsküchen eingerichtet, wo die dementen Leute kochen lernen konnten – mit dem modernsten E-Herd und mit Mikrowelle. Dann sind sie entlassen worden; zwei Wochen später waren sie aber wieder da, weil sie nichts gegessen hatten. Daheim stand ein Holzofen oder ein Gasherd und kein Mikrowellenherd mit Knopfdruck und Klingelzeichen. So wurde das Ganze ad absurdum geführt. Man muss zur Wohnstätte der Menschen, sich ein Bild darüber machen und sie für das trainieren, was sie brauchen.“

Nichts anderes war die Aufgabe der Sozialbegleiter, die Raoul Schindler erfunden hatte, und der Trainingshelfer, die Mitte der 80er Jahre dazukamen. Allmählich versuchte die Psychiatriereform, mit *pro mente* gleichzuziehen.

Sozialbegleitung

Im Gespräch mit Bettina Arbesleitner

Die Summen sind eindruckvoll: In den letzten 40 Jahren wurden rund 640.000 Betreuungsstunden von freiwilligen BegleiterInnen in der Einzelbetreuung erbracht. Bei den Angeboten im Bereich Soziale Integration (Sozialbegleitung, Trainingshilfe, Freizeitgruppen) gibt es bereits lange Wartelisten.

Heute stehen zwischen 75 und 80 SozialbegleiterInnen für über 100 KlientInnen zur Verfügung. Die BegleiterInnen sind zu Dreiviertel Frauen und kommen aus allen Berufen und Altersschichten. „Vermehrt kommen Junge dazu, teilweise Studenten, die Erfahrungen sammeln wollen," registriert Mag. Bettina Arbesleitner, die somit an die 180 Personen in ihrer Ein-Frau-Abteilung zu managen hat. „Angehende PsychologInnen, PädagogikstudentInnen sind das, aber auch Berufstätige, die einmal in der Woche die nötige Zeit aufbringen – manche am späten Nachmittag, manche am Samstagvormittag." Und selbstverständlich auch Pensionisten. Die Jungen wechseln schneller, aber viele bleiben wenigsten fünf Jahre dabei.

Und so wird man Sozialbegleiter: „Am Anfang steht ein persönliches Gespräch. Ich muss herausfinden, ob die Vorstellungen übereinstimmen, ob wir es mit einer stabilen Persönlichkeit zu tun haben, ob genug Zeit zur Verfügung steht und die Bereitschaft da ist, die Sache wenigstens ein halbes Jahr oder Jahr zu betreiben."

An

die Gesellschaft zum Schutze d Psychisch Behinderter

1o18 Postfach 2o7.

Es ist sehr Traurig das man einen Psychisch Behinderten
nach 44 Jahre seine Psychische Erkrankung vorhält.
und sich über mich lustig macht bei jeder Gelegenheit
schmiert man mir den Psychischen Honig ums Maul
Sie doch Entmündigt, Durch einen Justiz Skandal wurde in
dem Jahren der NS zeit untergraben seine Entmündigung
der Behörde zumelden das wurde vom Vorstand des Bez Gericht
ausser acht gelaßen ich war daher immer das Opfer und
muste wegen jeder kleinigkeit in die Neuroligische Klinik
durch den Polizei Arzt Eingewißen ohne das nur ein greifbarer
Grund vorlag die die Einweißung zur Recht bestanden weäre.

1987 schreibt ein Patient an Primarius Schindler

Wenn dieses Gespräch erfolgreich verlaufen ist, folgt eine kompakte Schulung über zweieinhalb Tage von Freitagmittag bis Sonntagabend. Einführung in die Sozialbegleitung, Klärung der wichtigsten Krankheitsbilder und die Darstellung von Situationen, in die man geraten kann und wie man sie löst – das steht auf dem Stundenplan. Wichtig auch, dass ein Betroffener und Angehörige von Betroffenen dabei sind. Damit aber nicht genug. Fortbildungen und monatliche Supervisionen gehören zum Programm. Die Gliederung in acht Teams hat sich bewährt, weil die Teamleiter erste Ansprechpersonen sind, wenn ein Problem mit einem Klienten oder einer Klientin auftaucht.

Das Angebot für die KlientInnen ist einzigartig, weil es nicht befristet ist. So lange es gebraucht wird, steht es zur Verfügung. Über 100 Personen stehen auf der Warteliste, und jährlich scheiden nur etwa 30 aus. Das Feld der Sozialbegleitung ist ständig in Bewegung. Wie schafft das Frau Arbesleitner? „Es gehört einfach eine total gute Organisation dazu. Die Sozialbegleiter müssen wissen, dass sie nicht mit jeder ersten kleinen Frage zu mir kommen, sondern zunächst den Teamleiter anrufen oder eine Sache in der Supervision besprechen."

Trotzdem landet sehr viel bei Bettina Arbesleitner. Als sie nach dem Studium der Psychologie in Graz einen Job suchte, kam Einiges in die nähere Auswahl. „Die Informationen von *pro mente* im Internet, besonders das Leitbild, haben mich angesprochen, weil die Arbeit hier ressourcenorientiert ist." Ressourcenorientiert: Der Blick ist nicht auf die Krankheit fixiert, sondern auf das, was in jedem Kranken gesund und entwicklungsfähig ist. „Wenn man sieht, dass man doch was bewirken kann, wenn man sehr geduldig ist und dranbleibt, dann ist das eine sehr schöne und sinnvolle Aufgabe."

Vier Fragen zur Sozialbegleitung

Stefanie Pascher, Sozialbegleiterin seit 1990 und Redakteurin der „pro mente-nachrichten“, hat auch Lehrgänge für Sozialbegleitung gehalten. Hier ihre Stichworte zur Einführung:

Die Sozialbegleitung, die es seit 1965 gibt, ist eine Freiwilligenarbeit mit unbegrenzter Dauer.

1. Was braucht ein Mensch?
Wohnung, Geld, Erwerbsarbeit oder sinnvolle Beschäftigung.
Ein soziales Umfeld – Familie, Freunde, Anerkennung und Zuwendung.

2. Was ist Sozialbegleitung?
Ein Kontaktangebot für psychisch Erkrankte. Sie ersetzt weder Therapie noch medizinische Maßnahmen. Ziel ist es, die Lebensqualität der KlientInnen im Alltag zu verbessern.
Wichtig dafür ist der Aufbau einer tragfähigen, auf Vertrauen basierenden Beziehung. Durch regelmäßige wöchentliche Kontakte, persönliche Gespräche, aber auch durch Hilfe in praktischen Belangen des Alltags trägt der/die Sozialbegleiter/in dazu bei, Vereinsamung und Isolierung von psychisch erkrankten Menschen zu verringern und die Fähigkeit und den Willen des/r KlientIn zu stärken, sich in der Umwelt wieder zurechtzufinden.

3. Welche Aufgaben übernimmt ein/e Sozialbegleiter/in?
Beziehung aufbauen und die soziale Integration wiederherstellen:
Begleitung zum Arzt, zu Ämtern, einkaufen usw. Außerdem Hilfe bei der Tagesstrukturierung, bei der Freizeitgestaltung und Anleitung zur Haushaltspflege.

4. Welche Qualitäten soll ein idealer/eine ideale Sozialbegleiter/in haben?
- offen sein für individuelle Bedürfnisse
- verlässlich sein
- verschwiegen sein
- zuhören können, Ruhe bewahren
- sich einfühlen können
- reflexionsbereit sein
- eine klare, ehrliche Haltung
- (gleichrangig dem/r KlientIn gegenüber) und Abgrenzung haben,

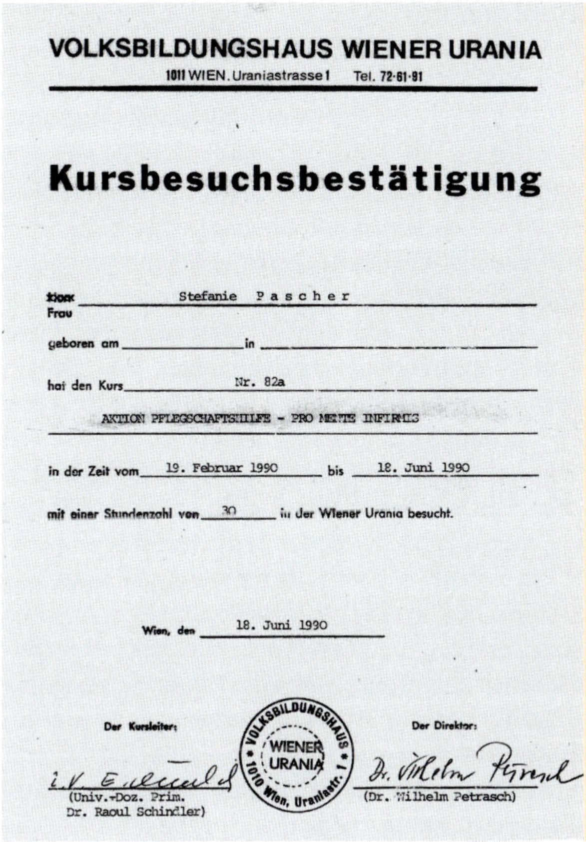

VOLKSBILDUNGSHAUS WIENER URANIA

1011 WIEN. Uraniastrasse 1 Tel. 72-61-91

Kursbesuchsbestätigung

Frau Stefanie P a s c h e r

geboren am ______ in ______

hat den Kurs Nr. 82a

AKTION PFLEGSCHAFTSHILFE - PRO MENTE INFIRMIS

in der Zeit vom 19. Februar 1990 bis 18. Juni 1990

mit einer Stundenzahl von 30 in der Wiener Urania besucht.

Wien, den 18. Juni 1990

Der Kursleiter: i.V. (Univ.-Doz. Prim. Dr. Raoul Schindler)

VOLKSBILDUNGSHAUS WIENER URANIA 1010 Wien, Uraniastr. 1

Der Direktor: Dr. Wilhelm Petrasch (Dr. Wilhelm Petrasch)

Stefanie Paschers Zeugnis über den Urania-Kurs

- emotional stabil, seelisch belastbar
- kontaktfreudig
- beziehungsfähig
- verantwortungsbewusst

Der/die Sozialbegleiter/in muss vor allem da sein, eine Basisstation sein, wo der/die KlientIn immer wieder andocken kann, um sich Rat und Hilfe zu holen, dasein und reale Wünsche und Möglichkeiten des/r KlientIn unterstützen, auch wenn sie nicht ganz den Normvorstellungen oder Erwartungen unserer leistungsorientierten Welt entsprechen.

Auf der Suche nach einer Partnerin

Sozialbegleitung praktisch: Gerlinde Jochum über drei Klienten

Mein schwierigster, aber auch mein liebster Klient ist vor kurzem mit 52 Jahren verstorben. Er litt an Schizophrenie, stammte aus einer sehr gescheiten Familie, der Vater war dreifacher Doktor. Die Matura hat er noch geschafft, aber das Studium war nicht mehr möglich. Von seiner Intelligenz und seinem Wissen hab ich soviel gelernt und profitiert. Er hat über alles Bescheid gewusst, nur ist dann alles durcheinander gekommen. Er war oft in einem anderen Land, in einer anderen Stadt, hat plötzlich angefangen, eine andere Sprache zu sprechen, war zeitversetzt. Aber ich hab zuschauen müssen, wie er abgebaut hat. Ich hab immer wieder versucht, ihn auf den Boden der Realität zu holen, und das ist mir auch oft gelungen. Er hat mich sehr geschätzt, er war sehr lieb, aber er musste immer seine Grenzen gesetzt bekommen. Ich hab ihm immer wieder erklären müssen: Wir haben eine freundschaftliche Beziehung, aber nicht mehr. Er hat eine Frau gesucht, aber es mit ihm auszuhalten, wäre für eine Frau sehr schwierig gewesen.

Zwei Patienten, die ich schon lange betreue, haben beide eine Partnerin gefunden. Beide sind von da an viel stabiler geworden. Der eine litt an Schizophrenie, der andere an Paranoia, auch aufgrund von Alkoholgenuss, weil er Probleme mit seiner eigenen Wertschätzung hatte. Er war lange Zeit stationär, ist dann herausgekommen und hat wieder als Kellner Arbeit gefunden. Als ich ihn schon kannte, ist er einige Jahre mit seinem Sohn nach Thailand gegangen und dort wieder total zurückgefallen. Sein Vertrauen zu mir war aber so groß, dass er mir sein Sparbuch überlassen hatte. Dann kam ein Telegramm, ich soll ihm einen bestimmten Betrag überweisen, er braucht einen Arzt. Nachdem er zurückgekommen war, kam er wieder in Behandlung. Nun hat er eine Partnerin gefunden, die selbst betroffen ist, die Tochter einer von mir Betreuten. Sie ist sehr glücklich, sie haben gemeinsam große Reisen gemacht und alles gut überstanden. Sie sind beide jetzt stabil, sind beide regelmäßig in ärztlicher Kontrolle, sie kommen regelmäßig zu mir, auch wenn es Beziehungsprobleme gibt.

Der andere Klient hatte schon jahrelang mit einer Frau aus dem Osten Deutschlands korrespondiert. Sie konnten sich nur in Bulgarien oder sonst wo hinter dem Eisernen Vorhang treffen. Nach der Wende ist sie nach Österreich gekommen und sie haben auch geheiratet. Die Hochzeit war ein Stress, das ganze Glücksgefühl ist bei ihr in eine Psychose gekippt. Er ist gewachsen, seit er sich für sie verantwortlich fühlt. Die Psychose hat sich gegeben, aber auf sie muss man mehr aufpassen als auf ihn. Jetzt sind sie einer großen Belastung ausgesetzt: Ihre Mutter liegt im Koma, sie wurde gefragt, ob man die Geräte abschalten soll, aber sie ist sehr gläubig und sagt: Ich kann meine Mutter nicht verhungern lassen! Wenn sie ihre Medikamente nicht nimmt, fährt er nicht mit zu ihrer todkranken Mutter, er schafft es sonst nicht. Es ist eine Krise. Aber man muss sich über kleine Erfolge freuen und Geduld haben, wenn nicht gleich alles weitergeht. Ich nehme den Klienten die Dinge nicht ab, ich führe sie nur hin und baue sie auf und traue ihnen etwas zu.

Trainingshilfe: Start vor 20 Jahren

Von Elisabeth Muschik

Bei der beginnenden Psychiatriereform hat man jene Leute hinausgehen lassen, denen man es zugetraut hat, also sozusagen die leichteren Fälle. Im Spital sind die geblieben, von denen man gedacht hat: Die schaffen es nicht mehr. Schindler hat überlegt, wie man Leute, die über Jahrzehnte stationär waren, wieder rehabilitieren könnte. Wir haben mit dem Institut für Angewandte Psychologie die folgende Idee entwickelt: PsychologiestudentInnen müssen im zweiten Studienabschnitt ein Praktikum von üblicherweise sechs Wochen auf einer Station machen; wenn wir nun diese sechs Wochen in eine wöchentliche Arbeitszeit von zwei bis vier Stunden aufteilen und in ein Trainingsprogramm einbinden, dann könnte man solche Klienten auf Alltagsfertigkeiten und auf eine Wiederbewältigung des Alltags draußen trainieren. Das war aufzubauen. Ich habe mit Jänner 1985 begonnen und die ersten Klienten übernommen. In Kürze hatte ich übers Jahr 35 bis 40 TrainingshilfeklientInnen.

Freilich gab es auch Patienten, die 30 oder 40 Jahre stationär waren und die wir nicht mehr herausgebracht haben. Da gab es eine Polin, die von ihrem Mann in der Klinik „abgegeben“ worden war, weil sie angeblich nicht sprechen konnte. Möglicherweise konnte sich nur niemand auf Polnisch mit ihr unterhalten; denn das Eis war gebrochen, als ein polnischer Mitarbeiter mir ihr in Kontakt kam. Wenn aber eine Patientin jahrelang unter den damals üblich Umständen quasi gefangengehalten worden war, standen die Chancen auf eine volle Rehabilitierung schlecht: Die Schlafsäle waren kalt und gekachelt, rochen nach Urin, und

Der erste Fall – der erste Erfolg
Die Trainingshilfe war ein Projekt für die „Befreiung“ von LangzeitpatientInnen. Sie sollten die Chance bekommen, außerhalb der stationären Psychiatrie ein neues Leben zu beginnen. Was anfangs kaum möglich schien, hat sich immer deutlicher bewährt: Nur ganz wenige psychisch Kranke müssen tatsächlich ihr ganzes Leben in der geschlossenen Anstalt verbringen.

Es begann 1985, 20 Jahre nach der Gründung von *pro mente*. Der erste Patient in der Trainingshilfe war damals 54 Jahre alt und hatte 32 Jahre auf der Baumgartner Höhe verbracht – er war als 22jähriger Medizinstudent eingeliefert und entmündigt worden. Nach einem Jahr Trainingshilfe konnte er in seine eigene Wohnung entlassen werden und wurde später auch für mündig erklärt. Dieser Erfolg war das gelungene Startzeichen für das gesamte Projekt.

das Nachtkästchen neben dem Stahlrohrbett barg die einzige persönliche Habe. Als wir versuchten, zweimal in der Woche einen Ausgang zu organisieren und dabei den Umgang mit Geld zu üben, war das Personal kaum dazu zu bewegen, den Patienten und Patientinnen jene 50 Schilling auszuzahlen, die ihnen offiziell zustanden.

Ich erinnere mich an eine Dame, die etwa 1949 auf Station 20 gekommen war. Sie wurde zu Spaziergängen, zu Einkäufen begleitet. Ein junger Trainingshelfer, Psychologiestudent, hat dann in seinem Protokoll geschrieben, dass die Frau Schuhe kaufen wollte, und dass sie sich zu seinem Erstaunen die höchsten Absätze, die hochhackigsten Schuhe zeigen ließ und probierte. Sie war damals an die 70 Jahre alt. Vielleicht hat die Trainingshilfe auch ihr einen Hauch von Lebensqualität geben können.

„Wir haben manche zehnjährig aufgegebene Prognose in ein freies, soziales Leben verwandelt. Wunder bleiben eben außerhalb der Rentabilität, obwohl sie sich hinterher durchaus rechnen."

Raoul Schindler

Trainingshilfe heute

Im Gespräch mit Renate Gach

Heute ist die Trainingshilfe ein zentraler Bestandteil der Arbeit von *pro mente*. Patienten oder Patientinnen, die Jahrzehnte in der Psychiatrie leben, gibt es praktisch nicht mehr, lange oder wiederholte Aufenthalte aber sehr wohl, und auch dadurch geht die Routine des selbständigen Lebens verloren. Die Trainingshilfe unterstützt bei der Einübung von Alltagsfertigkeiten und Gesprächsfähigkeit. Das ist insbesondere für junge PatientInnenen eine wichtige Präventionsmaßnahme, um Rückfälle zu vermeiden oder zu verringern. Nach einem Jahr soll der Klient darin so weit geübt sein, dass er einigermaßen auf eigenen Füßen stehen kann.

Ohne die früheren LangzeitpatientInnen – wozu also heute noch Trainingshilfe? Zumal Renate Gach, Psychotherapeutin und Leiterin des Bereichs, zugibt: „Dem Inhalt nach unterscheidet sich die Arbeit für die KlientInnen auf den ersten Blick vor allem darin von der Sozialbegleitung, dass sie von Beginn an auf konkrete Ziele ausgerichtet ist, die im Kontext der Alltagsbewältigung angesiedelt sind." Im Unterschied zur Sozialbegleitung ist die Trainingshilfe mit einem Jahr limitiert und folgt überdies einem gezielt entworfenen Programm; sie ist auf die notwendigen Lernschritte für den Klienten, die Klientin abgestimmt und soll durch konzentrierte Aufbauarbeit die Alltagskompetenzen des Klienten bzw. der Klientin steigern helfen. Um ein solches Programm abzuwickeln, arbeiten hier nicht Ehrenamtliche, sondern Fachkräfte in Ausbildung. Die Trainingshilfe ist heute das Praktikumsfeld, das beim Studium der Psychologie, bei der Ausbildung zur Psychotherapie oder zum Lebens- und Sozialberater verlangt wird – inklusive Supervision und 14tägiger Intervision in der Gruppe. Daraus entsteht vielleicht auch ein Auswahlkriterium, wer zur Trainingshilfe und wer zur Sozialbegleitung kommt. Genügt ein Jahr? Und braucht es angehende Professionelle? Wird der Abschied in einem Jahr verkraftbar sein? Die letzte Frage stellt sich auch für den Helfer. „Er muss lernen, Distanz zu haben und Abschied zu nehmen: Das ist für jeden psychosozialen Beruf unbedingt wichtig."

Renate Gach hat erst im Frühjahr 2005 die Leitung der Trainingshilfe von Elisabeth Schöpfer übernommen, nachdem sie schon viele Stationen absolviert hat: in der Akutpsychiatrie auf der Baumgartner Höhe, in einer Frauenberatungsstelle, in der Kinder- und Jugendpsychiatrie im AKH, bei den Klinik-Clowns für krebskranke Kinder „Ich wollte herausfinden, was mir liegt, wo ich gut bin und wo weniger." Und sie hat es herausgefunden: „Im ärgsten Chaos auf der Baumgartner Höhe wusste ich: Das ist mein Fall, damit kann ich sehr gut umgehen, da habe ich keine Hemmschwelle, ich bin weder vor dem Chaos noch vor der Verrücktheit der Menschen erschrocken."

Im Vergleich dazu ist Renate Gach bei einer ruhigeren Aufgabe gelandet. Aber: „Ich bin sehr glücklich, dass ich diese Stelle gefunden habe!" Etwa 30 Trainingshelfer unterstehen ihr, 40 bis 50 KlientInnen stehen auf der Warteliste. Wegen der einjährigen Befristung gibt es eine große Fluktuation.

Aber Renate Gach hat noch eine zweite Aufgabe neben der Trainingshilfe und ihrer privaten Praxis: die Beratungsstelle. Hier rufen Menschen an, die Probleme haben und nicht wissen, wohin sie sich wenden sollen. Gach hat den Überblick über alle Angebote von *pro mente*, berät und vermittelt aber ebenso zu anderen Vereinen, zur Caritas, zu öffentlichen Stellen, wenn sie zuständig sind. Auch Zuweisung zu Psychotherapeuten bietet sie an, aber da gibt es in Wien vier bis fünf Monate Wartezeit. Gibt es vielleicht zu wenig Psychotherapeuten? „Nein, aber zu wenig Krankenkassenverträge. Unsere Leute haben kein Geld, können oft nicht einmal einen Anteil leisten."

Arbeitsintegration

Im Gespräch mit Sabrina Scumaci und Thomas Wick

Bei Sozialbegleitung und Trainingshilfe stehen Alltagsfertigkeiten und Gesprächsfähigkeit im Vordergrund; wenn es aber darum geht, KlientInnen in einem nächsten Schritt wieder arbeitsfähig zu machen, braucht es eigene Übungsprogramme. Dafür gibt es bei *pro mente* das KOMM 24 und das MAX. Wer dort einen Platz findet, wird für die verschiedenen Stufen der Gastronomie, aber auch für die dazu gehörige Büroarbeit getestet und gefördert.

Das Café-Restaurant MAX ist ein sozialökonomisches Beschäftigungsprojekt, das zwei gleichwertige Aufgabenstellungen hat: Einerseits ist es das Ziel, ein Café-Restaurant und einen Catering-Betrieb wirtschaftlich erfolgreich zu führen. Andererseits ist es die erklärte Absicht, der Wiedereingliederung für Langzeitbeschäftigungslose mit einer psychischen und/oder einer psychosozialen Problematik dienlich zu sein. „Wir wollen dabei helfen, dass diese Menschen wieder Selbstwertgefühl und Lebensqualität erlangen", erklärt Mag. Sabrina Scumaci. Die KlientInnen sollen „job ready" werden, wie es auf gut deutsch heißt, also fähig, sich auf dem Arbeitsmarkt durchzusetzen.

Der Vorgang ist schwierig, nicht nur für diejenigen, die Psychiatrieerfahrung mitbringen. Die Arbeitskräfte, die davon nicht belastet sind und mit denen aus der Psychiatrie zusammenarbeiten sollen, müssen erst lernen, damit umzugehen. „Die erste Frage, die mir immer wieder gestellt wird", erinnert sich Scumaci: „Will er nicht oder kann er nicht?" Denn unsere Facharbeiter kommen aus der freien Wirtschaft und sind einen anderen Umgang gewöhnt. Wenigstens ein halbes Jahr werden sie begleitet, bis sie verstanden haben, warum sich eine Person jetzt so oder so verhält."

Nach Sabrina Scumaci hat Thomas Wick den Bereich Arbeitsintegration bei *pro mente* übernommen. Er ist Sozialpädagoge, hat viele Jahre im der Kinder- und Jugendwohlfahrt gearbeitet. Da muss man wohl oder übel eine Vaterrolle spielen, und das wollte er nicht mehr, seit er selbst Vater seiner ersten Tochter geworden war. Auf der Suche nach mehr organisatorischer Arbeit im sozialen Bereich ist Wick zu *pro mente* gestoßen. Nun ist er schon sechs Jahre dabei, hat die Verwaltung aufgebaut, das Sonnensegel mitbegründet und gemanagt und leitet jetzt die Arbeitsintegration.

Sozialarbeit wird in Zeiten staatlicher Sparzwänge nicht leichter. Alle Jahre ändern sich die Vorgaben, schreibt das Arbeitsmarkt-Service (AMS) neue Regeln vor. Lehrlinge dürfen nicht mehr aufgenommen werden – sie waren die einzigen, die einen Mehrjahresvertrag bekamen, um als Koch oder Kellner auszulernen. Die Verweildauer der anderen Klienten ist von zwölf auf neun Monate verkürzt worden, und sie müssen ein Arbeitstraining von mehreren Wochen absolvieren, bevor sie überhaupt aufgenommen werden. Dafür wurden insgesamt zwölf Stellen dazu genommen. Soziale Rationalisierung: Das AMS will die „Durchlaufzahl" erhöhen.

Und so geht es los: Alle zwei Wochen ist Aufnahmetag, zunächst für das Arbeitstraining. Am Anfang stehen ein Clearinggespräch und ein Auswahlverfahren, um herauszubekommen, wo die Person arbeiten will: im Service, im Catering, in der Restaurant- oder Catering-Küche, in der Reinigung oder im Büro. Dann werden sie eingeteilt. Zehn Fachkräfte, die „Schlüsselarbeitskräfte", sind fix angestellt, dreißig KlientInnen bleiben neun Monate im Vertrag – früher war es ein Jahr. Der Erfolg ist beachtlich: Drei Viertel der Leute, die das Programm bei *pro mente* durchlaufen, finden danach tatsächlich eine Anstellung auf dem freien Arbeitsmarkt. Die übrigen können in der Mehrzahl weiter vermittelt werden – in Dienstverhältnisse, in Therapieeinrichtungen oder zu weiteren Qualifizierungsmaßnahmen. Aber *pro mente* verliert die Leute nicht aus den Augen. Sechs Monate gibt es Nachbetreuung, und der Kontakt bleibt darüber hinaus bestehen. Niemand, der später Hilfe braucht, wird abgewiesen. *pro mente* ist eine Auffangstation, kein Amt. Dennoch: Die Kooperation mit dem AMS funktioniert gut. „Wir sind das einzige sozialökonomische Projekt in Wien, das Personen mit psychischer Krankheit aufnimmt und auf deren Bedürfnislage spezialisiert ist." Das sind aber auch die Leute, die kaum Förderungen bekommen. Diese Klientel fällt durch jede Masche durch, das Einzige, was sie bekommen, ist Invaliditätspension, Sozialhilfe oder Notstandshilfe, allenfalls Arbeitslosengeld. Für die berufliche Wiedereingliederung ist das AMS zuständig und: „Wir pochen darauf, dass wir diese Personen haben", erklärt Scumaci, „und dass wir mit ihnen arbeiten können. Absurderweise sind es genau jene Personen, bei denen wir die besten Erfolge bei der Vermittlung haben, weil ihre doppelte Stigmatisierung der Erkrankung und der Nichtteilhabe am Gesellschaftsleben sie noch mehr anspornt, eine Arbeit zu finden und zu behalten."

Es genügt nicht, sich für die KlientInnen einzusetzen und auf ein gutes „Produkt" zu achten. Für den langfristigen Erfolg ist Image-Arbeit nötig: Das Restaurant ist die wichtigste Visitenkarte; wo große Events sind, bei den Festwochen, bei Ministerkonferenzen, wird das MAX-Catering eingesetzt. Darin sieht Thomas Wick einen Schwerpunkt seiner Arbeit. Einige Partner kommen regelmäßig ins MAX oder bestellen beim Catering. „Diese Kommunikation muss optimal genützt werden, um gesellschaftlichen Hintergrund und Stärkung zu bekommen. Diese Leute können wir begeistern, wenn wir gut kochen. Mit dem, was wir tun, müssen wir so überzeugen, dass wir immer entschiedener auf eigenen Beinen stehen können", erläutert er sein Konzept. Und eben das ist auch für die KlientInnen ganz wichtig. „Es zeigt ihnen, dass unter angemessenen Bedingungen jeder Mensch leistungsfähig ist. Das wirkt zurück auf die Person und ihren Selbstwert."

Man mag kritisieren, dass in unserer Gesellschaft der Wert einer Person stark über die Erwerbsarbeit definiert wird. Man kann versuchen, die Welt zu ändern. Aber das hilft denen nicht, die jetzt Hilfe brauchen. Große Konzepte sind gut, aber konkrete Hilfe, hier und heute, darf darüber nicht zu kurz kommen.

Betreutes Wohnen

Im Gespräch mit Alexandra Stockinger

Im *pro mente*-Haus in der Grüngasse arbeiten vier Psychologen, zwei Sozialarbeiter und ein Sonder- und Heilpädagoge, Frauen und Männer für das Projekt „Betreutes Wohnen". Chefin ist Mag. Alexandra Stockinger, und sie zeigt mir gleich eine ganze Reihe von Räumen, die ihr für das Projekt zur Verfügung stehen: Büroräume für die MitarbeiterInnen und Besprechungsräume für die KlientInnen. Das Wohnprojekt wohnt weitläufig im Haus, ist personell besonders gut ausgestattet und hat den Ruf, ein eigenes Dorf im Haus zu sein. Das ist kein Zufall. Die Idee realisierte zuerst Prof. Heinz Katschnig von der Psychiatrischen Universitätsklinik in der aufgelassenen Pension „Bettina" nach einem englischen Modell: Psychisch Kranke, die das Ärgste hinter sich hatten, konnten sich dort in Turnussen von eineinhalb Jahren an ein Leben außerhalb der Psychiatrie, aber immer noch unter einer eingeschränkten Betreuung gewöhnen. Nach den 18 Monaten des jeweiligen Turnus entstand nicht selten seitens der BewohnerInnen der Wunsch, in einer Wohngmeinchaft weiter zusammenzuleben, wohl auch weiterhin betreut zu werden, aber in einem geringeren Ausmaß. So entstanden im Anschluss an die „Pension Bettina" eine Reihe von weiteren Wohngemeinschaften. Auf Initiative von Professor Katschnig wurden KlientInnen und MitarbeiterInnen dieser Nachfolgewohngemeinschaften im Jahr 2000 von *pro mente* übernommen. Damals waren es drei BetreuerInnen und 27 KlientInnen, inzwischen ist das Projekt immer größer geworden: Heute gibt es 53 Wohnplätze in acht Wohngemeinschaften mit 38 BewohnerInnen und 15 Einzelwohnplätze. Einzelwohnplätze sind eine Neuerung, die mit dem Geld gebenden „Fonds Soziales Wien" der Stadt Wien zuletzt ausverhandelt wurde, damit KlientInnen, die eine gute Stabilität erreicht haben, einen weiteren Schritt in die Selbständigkeit tun können. Das wird gut angenommen und funktioniert. Wohngemeinschaften sind in ganz gewöhnlichen Wohnhäusern untergebracht, und nicht immer ist das Verhältnis zu den Nachbarn ganz einfach. „Unsere

Klienten sind eine ideale Projektionsfläche für alles, was in einem Haus nun einmal vorkommt“, weiß Stockinger. Bequeme Sündenböcke, könnte man auch sagen, für jeden, von wem auch immer weggeworfenen Zigarettenstummel im Stiegenhaus, für jeden überfüllten Coloniakübel. Für den Abbau der Stigmatisierung psychisch Kranker ist noch viel zu tun. Im Schnitt bleiben die Leute dreieinhalb Jahre in der Wohngemeinschaft und eineinhalb Jahre in betreuten Einzelwohnungen.

Männer und Frauen wohnen in den Wohngemeinschaften, aber eine eigene Wohngemeinschaft für Frauen wäre dringend nötig. Denn es gibt viele Anfragen von Frauenhäusern, die psychiatrisch belastete Frauen nicht aufnehmen können; Frauen, die dort Zuflucht suchen, haben aber verständlicherweise wenig Freude, mit Männern zusammenzuwohnen. Mehr noch. Alexandra Stokkinger erinnert sich an einen Fall: „Im psychotischen Erleben sind für eine Frau alte Gewalt- und Missbrauchserfahrungen wieder aufgetaucht, haben neue Traumata geschaffen, wurden männlichen Mitbewohnern halluzinatorisch unterstellt.“ Die Frau musste in die Klinik gebracht werden.

Betreutes Wohnen gibt es bei *pro mente* Wien seit dem Jahr 2000. Genaugenommen handelt es sich um „teilbetreutes Wohnen“ im Unterschied zu Heimen mit ganztägiger Betreuung, in denen von der Verpflegung bis zum Programm alles zur Verfügung gestellt wird. Teilbetreuung bedeutet eine begrenzte Angebotszeit der Erreichbarkeit von Montag 8.00 bis Freitag 18.00 Uhr, aber ohne Nacht- oder Wochenenddienste. Zwei- bis dreimal in der Woche wird die Wohngemeinschaft besucht und jeder Klient sollte einmal in der Woche in die Grüngasse kommen und ein Einzelgespräch mit seinem „Bezugsbetreuer“ haben.

Denn jeder Klient, jede Klientin hat einen fixen Bezugsbetreuer und dessen Vertreter. In jeder Wohngemeinschaft nehmen mindestens zwei BetreuerInnen vor Ort, auch ein technisch Zuständiger, Verantwortung für die betreffende Wohngemeinschaft wahr. Die meisten KlientInnen haben ganz extreme Schwierigkeiten mit sozialen Rollen, mit Kommunikation und mit Beziehung. „Ich bin sehr durch die Schule von Katschnig gegangen“, betont Stockinger. „Seine Prinzipien bei der Arbeit mit schizophrenen Patienten waren die Vorgabe von Klarheit, Einfachheit und Kontinuität.“ Jeder muss wissen, an wen er sich wenden kann.

Und wie schauen die charakteristischen Konflikte in Wohngemeinschaften aus? „Putzen!“ ruft Stockinger wie aus der Pistole geschossen. „Das ist die Hölle! Keiner will es, wenige tun es. Es gibt Regeln, Putzdienst im Radl, Kontrollbesuche. Und trotzdem immer wieder Konflikte.“ Kennt man das nicht auch aus ganz „normalen“ bürgerlichen Familien?

Gruppenangebote

Im Gespräch mit Christina Hofmann und Karoline Schmidl

Freude am Tun und Kommunikation in der Gruppe – so die Selbstbeschreibung der Freizeitgruppen bei *pro mente*. Die 15 verschiedenen Angebote (alle im Verzeichnis am Ende des Buches) scheinen auf den ersten Blick nichts weiter als eine Sammlung von Hobbykursen für Freizeitkünstler oder auch nur Kontaktgruppen zum Wandern, Essen und Plaudern zu sein. Genau besehen ist aber gerade diese zwanglose Möglichkeit, Freizeit zu verbringen und mit Menschen ähnlicher Erfahrungen zu reden, eine hervorragende „Therapie“ für Psychiatrieerfahrene und psychisch Kranke – Therapie nicht im fachlichen Sinn, aber ein hilfreicher Weg aus Isolation und Stigmatisierung.

Christina Hofmann, Studentin der Pädagogik, organisierte die bunte Szene der Freizeitgruppen bis vor Kurzem. Ihr Herz gehört eigentlich den Kindern, aber hier erfährt sie, was aus Kindern auch werden kann – und der Anfang ist ihr nicht leicht gefallen. Woran man sich erst gewöhnen muss, das ist die Art der Kommunikation. „Viele trauen sich nicht, selbst anzurufen, schicken ihre BetreuerInnen vor.“ Das Besondere am *pro mente* Angebot ist einmal, dass es für die KlientInnen kostenlos ist. Nur in der Kochgruppe werden € 1,50 für die notwendigen Lebensmittel erbeten, und bei der Wandergruppe fallen Fahrtkosten an. Dann aber sind auch die Eintrittsbedingungen einmalig: „Nach den Problemen frage ich nicht, weil die Gruppen kein therapeutisches Angebot darstellen. Die KlientInnen sollen frei kommen und gehen, es wird auch nicht gefragt: Warum? Woher? Wieso? Für die endgültige Aufnahme sind dann die Gruppenleiter selbst zuständig. Viele gehen einmal zum Schnuppern hinein, viele bleiben dann auch.“

Zuletzt hat es Christina Hofmann doch zur Arbeit mit Kindern hingezogen und sie hat die Verantwortung für die *pro mente* Freizeitgruppen an Karoline Schmidl übergeben. Schmidl hat sich schon in der Schule für soziale Arbeit interessiert, ist aber nach der Matura in die Wirtschaft gegangen, hat in Banken gearbeitet und schließlich begonnen, Erziehungswissenschaft zu studieren. Schmidl hat vor allem eine Organisationsaufgabe, den unmittelbaren Kontakt mit den KlientInnen haben die einzelnen Gruppenleiter und -leiterinnen. Nur wenn sich Klienten bei ihr einen Termin geben lassen, um sich zu beraten, welche Gruppe für sie die beste wäre, lernt sie auch einzelne Schicksale kennen. „Ich muss noch besser lernen, mich abzugrenzen", sagt sie bescheiden; denn was Menschen mit Psychiatrieerfahrung durchgemacht haben, kann schon sehr nahe gehen. „Aber für dieses Lernprozess ist *pro mente* ein ideales Arbeitsfeld."

Die Gruppen können nicht mehr als zehn bis fünfzehn Personen aufnehmen, und es sind derzeit an die 400, die eine der Gruppen nutzen; trotzdem gibt es Wartelisten für mehr als 300 weitere Plätze, wobei sich manche für mehrere Gruppen interessiert haben. Das Angebot könnte also wesentlich erweitert werden, denn die Interessenten kommen nicht nur aus dem Pool derer, die von *pro mente* betreut werden; alle möglichen Krankenhäuser und Sozialstellen fragen nach freien Plätzen. Aber: Es fehlt an Geld. Etwa die Hälfte der GruppenleiterInnen arbeitet mit einer Aufwandsentschädigung, die anderen auf Honorarbasis. Und weil *pro mente* auf Supervision und Fortbildung Wert legt, geht auch das ins Geld. „Für die Klienten ist es oft schwer verständlich, dass sie Jahre lang warten müssen, um in die gewünschte Gruppe aufgenommen zu werden." Da kann Schmidl aus ihrer Erfahrung in der Wirtschaft einen bitteren Vergleich ziehen: „Die Beträge dafür sind peanuts, wenn man es mit der Wirtschaft vergleicht. Mit dem Aufwand, der dort für eine Dienstreise verbraucht wird, lebt eine Gruppe ein ganzes Jahr."

Das Sonnensegel ist inzwischen einer der Gruppentreffpunkte für einige Tage in der Woche geworden. „Dort können sie auch öffentlich auftreten: die Musiker, die Leute aus der Theatergruppe." Zur Eröffnung des Sonnensegels hat die Kochgruppe einen großen Kuchen beigesteuert. Gerade die Kochgruppe ist übrigens keineswegs nur Frauensache, wie ein Vorurteil meinen könnte. Bewegung mit Musik löst auf geradezu wunderbare Weise die Verkrampfungen, die aus der Seele kommen. Und in die Tanzgruppe kommen Männer manchmal besonders gern, wenn sie ihre Kontaktscheu überwunden haben. Es ist nicht gut, wenn der Mensch allein bleibt …

Atempause

Urlaub – Erholung – soziales Kompetenztraining

Roman Kiss hatte die Idee, und mit der Firma Johnson & Johnson-Janssen Cilag wurde ein engagierter Sponsor gefunden: Ein aktivierendes Reintegrations- und Trainingsprogramm für Menschen mit psychischen Erkrankungen fördert Heilungschancen und den Abbau der verbreiteten Stigmatisierung. Mit der Durchführung der „Atempause" wurde innerhalb der *pro mente* Austria der Mitgliedsverein *pro mente* Wien betreut.

„Atempause" bietet neben Urlaub und Erholung ein soziales Kompetenztraining mit therapeutischer Unterstützung und das Einüben von selbstbestimmter Aktivität in nicht vertrauter Umgebung. Menschen mit psychischen Erkrankungen aus ganz Österreich haben damit die Chance, Freizeitkompetenz zu entwickeln und die eigene Genussfähigkeit (wieder) zu entdecken und zu erleben. „Atempause" ist ein Programm, das nicht primär medizinisch, sondern im eigentlichen Sinne als Rehabilitation wirkt. Es ist so nahe am Leben angesiedelt wie möglich. Menschen, die an Psychosen erkrankt sind, haben für eine Woche lang die Möglichkeit, ihre vertraute Umgebung zu verlassen, Neues zu erleben und Selbstsicherheit zu erwerben.

Atempause: Urlaub für die Seele

Der Aufenthalt dauert sieben Nächte auf Basis Doppel- oder Einzelzimmer mit Dusche und WC und Halbpension. Jede Urlaubswoche wird von zwei Fachkräften begleitet, die im Krisenfall beistehen. Gemeinsam mit der Gruppe wird ein Freizeitprogramm erstellt, das auf vielfältige Weise die Urlaubswoche zu einem ganzheitlichen Erlebnis macht.

Teilnahmevoraussetzungen

- Die KlientInnen sollen sich im rehabilitativen Stadium befinden.
- Die TeilnehmerInnen müssen den Alltag weitgehend selbständig bewältigen können.
- Sie gehen eigenverantwortlich mit ihren Medikamenten um!
- Ebenso sollen sie eigenverantwortlich mit Geld umgehen können (Depotverwaltung durch die psychosozialen BetreuerInnen ist möglich).
- „Notfallmedikamente" sind mit dem behandelnden Arzt zu besprechen und mitzunehmen!
- Die TeilnehmerInnen sollen Bereitschaft zeigen, sich auf Neues und etwas Anderes einzulassen.
- Zumindest eine Betreuungs- bzw. Kontaktperson muss für Notfälle erreichbar sein.
- Im Falle eines akuten Krankheitsgeschehens, das mit der Fortsetzung des Urlaubs unvereinbar ist, wird der/die UrlauberIn nach Rücksprache mit der Betreuungseinrichtung nach Hause geschickt.

Stadien der psychischen Erkrankung: zuerst die Weigerung, sie sich einzugestehen; verheimlichen, verschweigen, Versuche, selbst damit fertigzuwerden. Die Isolation nimmt zu bis zur Unerträglichkeit. Dann der große Schritt: Ich lasse mir helfen. Die lange Suche nach Therapien und Therapeuten. Endlich das Bekenntnis: Ich bin krank, ich gebe es zu. Austausch in Selbsthilfegruppen. Und zuletzt der wichtigste Schritt: Ich bin nicht nur das Opfer, die gebundenen Hände werden frei und können auch anderen helfen.

Selbsthilfeorientierte Projektarbeit

Im Gespräch mit Gerhard Oberenzer

Die Selbsthilfe-Bewegung bietet Menschen, die ihre Probleme besser verstehen bzw. selbst aufarbeiten möchten, die Möglichkeit, sich anderen mit ähnlichen Problemen Belasteten mitzuteilen. Bei *pro mente* Wien wurde der Bereich „Selbsthilfeorientierte Projektarbeit" 1990 gegründet. Derzeit gibt es neun Selbsthilfegruppen zu den Themen: Alkohol, Stimmen hören, Angst und Depression, Sozialphobie und Manisch-depressive Erkrankung. Allein 2005 fanden insgesamt 400 Termine der Selbsthilfegruppen mit über 2400 gezählten TeilnehmerInnen statt, 19 ehrenamtliche MitarbeiterInnen haben mehr als 700 Stunden dafür geleistet. Die GruppenleiterInnen der Selbsthilfegruppen erhalten regelmäßige Supervision, Intervision, Teambesprechungen und Fortbildung.

Selbsthilfe muss bei psychischen Erkrankungen mit besonderen Schwierigkeiten kämpfen. Selbsthilfe etwa bei Diabetikern, Herzkranken usw. stützt sich einfach auf das Engagement und den Willen der Betroffenen. Psychisch Kranke können sich aber gerade darauf nicht immer verlassen; sie wissen – und es ist eine tiefe Kränkung für sie –, dass ihre psychische Kraft, ihr Durchhaltevermögen in Mitleidenschaft gezogen ist. Daher hat es fast ein Jahrzehnt gedauert, bis „echte" Selbsthilfegruppen entstanden sind, solche nämlich, die auch von Betroffenen geleitet werden. Selbsthilfe ist bei psychisch Kranken erst der zweite Schritt: Es bedarf schon einer fortgeschrittenen Rehabilitation, um selbst aktiv zu werden. Diese Schwierigkeit ist auch Hintergrund der Tatsache, dass es in Wien immer noch keine Interessenvertretung psychisch Kranker gibt. Es fehlt das Geld, um die notwendige Struktur aufzubauen, und es fehlen die Menschen, die mit Durchsetzungskraft und dem nötigen langen Atem ihre eigenen Forderungen zur Sprache bringen.

Die *Deinstitutionalisierung* der psychiatrischen Versorgung und eine entsprechende Betreuung in der Primärversorgung, in Gemeinschaftszentren und in Allgemeinkrankenhäusern – angepasst an die Erfordernisse der Patienten und der Angehörigen – können die soziale Integration unterstützen. Eine Unterbringung in großen psychiatrischen Krankenhäusern und Anstalten verschlimmert eher das Stigma. In der Reform der psychiatrischen Versorgung kommt man in vielen Ländern ab von der Betreuung in großen psychiatrischen Anstalten zugunsten einer gemeindenahen Versorgung (in einigen neuen Mitgliedstaaten haben derartige Anstalten nach wie vor einen hohen Anteil an der psychiatrischen Versorgungsstruktur). Dies geht Hand in Hand mit der Schulung von Patienten, deren Familien sowie des Betreuungspersonals in Verfahren der aktiven Mitwirkung und des Empowerment.

Aus dem „Grünbuch" der Europäischen Kommission zur Psychischen Gesundheit, 2005

Daher legt Gerhard Oberenzer so besonderen Wert auf „Empowerment". Ermächtigung, Selbstermächtigung ist sein Credo. „Sich für Empowerment und gegen andere Strategien zu entscheiden, bedeutet gleichzeitig, sich von vielen vertrauten Vorstellungen des Gesundheitswesens und hierarchisch organisierten sozialen Dienstleistungen zu verabschieden und einen neuen, unbekannten Weg ohne normative Zielsetzungen einzuschlagen." Dabei ist Oberenzer bewusst, dass „das damit verbundene Konzept in der psychiatrischen Arbeit gegenwärtig noch nicht viel mehr als eine Worthülse ist, ein modisches Etikett, das auf die Verpackung altvertrauter und schon angestaubter Handlungskonzepte aufgeklebt wird". Das Umdenken ist nicht nur für die Betroffenen schwierig; gerade die Professionellen tun sich schwer, Verantwortung und Aktivität abzugeben, weil sie dadurch scheinbar den Herausforderungen ihres eigenen Berufs nicht gerecht werden. Vier Fragen stellen sich daher laut Oberenzer: „Wo werden Betroffene in Entscheidungsprozesse eingebunden? Welche Kritik bringen

Betroffene vor, und werden sie berücksichtigt? Werden Wünsche von den Betroffenen berücksichtigt? Werden sie zur Genüge über ihre Selbsthilfe aufgeklärt?“

Selbsthilfe verzeichnet einen starken Zulauf. Der Entschluss, eine Selbsthilfe-Gruppe zu besuchen, ist der erste Schritt heraus aus der oft unfreiwillig gewählten Isolation. In der Selbsthilfegruppe versuchen die TeilnehmerInnen durch Gespräche und Erfahrungsaustausch ihr Leben neu zu gestalten und dem Leben jenen Stellenwert zurückzugeben, der ihm zusteht. Es braucht einige Zeit, bis eine Vertrauensbasis innerhalb der Gruppe hergestellt ist, um offen über seine seelischen Probleme sprechen zu können. Es wird versucht, die positiven Aspekte in den Vordergrund zu stellen; es soll nicht nur ein gegenseitiges Bemitleiden sein, wie schlecht es einem geht. Die TeilnehmerInnen der Gruppe übernehmen die Verantwortung für ihre eigene Gesundheit und für ihr soziales und psychisches Wohlbefinden. In den Gruppen wird das Zusammengehörigkeitsgefühl verstärkt: Besuche bei Krankenhausaufenthalten werden vereinbart, Telefonnummern ausgetauscht, gemeinsame Unternehmungen auch außerhalb der Gruppe finden statt. So entsteht die Überzeugung: Psychische Leiden sind keine Krankheiten, denen man hilflos ausgeliefert ist.

Selbsthilfe ist ein kritisches Gegenprogramm gegen eine zugleich wohlmeinende und entmündigende Staatsfürsorglichkeit, die in immer weiter beschleunigtem Tempo Leistungen und Sicherungen der Daseinsvorsorge aus den primären Netzen familiärer, verwandtschaftlicher, genossenschaftlicher und nachbarschaftlicher Nähe ausgrenzt und sie auf die sekundären Systeme professioneller und organisierter Leistungsprogramme überträgt.
Selbsthilfe ist die private, nicht marktliche und nicht entgeltliche Produktion von Gütern und Diensten in der Gemeinschaft von Menschen in der gleichen Lage. Sie ist der Versuch von Menschen, in solidarischer Eigenleistung ein Netz sozialer Unterstützung zu errichten, neue Formen der Bewältigung von Lebensproblemen zu erproben und sich Ressourcen von Eigenverfügungen und Gestaltungsmacht wieder anzueignen.

„Selbsthilfezusammenschlüsse“, resümiert Oberenzer, „sind Orte der Selbstverständigung, in denen Menschen den Mut schöpfen, die eigenen Anliegen und Interessen zu entdecken und ihre Forderungen nach Mitgestaltung durchzusetzen.“

Erster Wiener User Kongress – Oktober 2003
Das Interesse unter den Betroffenen war so groß, dass leider nicht alle Interessierten am Kongress teilnehmen konnten – es gab 500 Reservierungen, aber leider nur 250 Plätze.

*

Die Zeiten haben sich geändert. Ehemalige PsychiatriepatientInnen outen sich und berichten mutig über ihre Erkrankungen und ihren persönlichen Weg aus ihren Erkrankungen heraus.

*

Es kann nicht so weitergehen, dass die PsychiaterInnen, ÄrztInnen, SozialarbeiterInnen über mehrere 100 Koordinationsbüros verfügen und für mehr als 90.000 betroffene Österreicher und Österreicherinnen und deren Interessenvertretung kein Koordinationsbüro zur Verfügung steht. Das ist demokratiepolitisch ein unhaltbarer Zustand.

Christian Horvath im pro mente Wien News-Letter 4/2003

Überlegungen vor der Teilnahme an einer Selbsthilfegruppe

Von Rita Eder zusammengestellt und zusammengefasst aus folgenden Büchern:

Michael Lukas Moeller, Selbsthilfegruppen. Anleitungen und Hintergründe, rororo Sachbuch, Reinbek 1996.
Tips zur Gründung einer Selbsthilfegruppe. SIGIS-Tips 1999/2000, Hrsg. v. Fonds Gesundes Österreich, Wien 2000.

Damit die Teilnahme an einer Selbsthilfegruppe nicht zur zusätzlichen Belastung in einer schwierigen Situation wird, sollte man sich Folgendes überlegen:

- Bin ich in der Lage bzw. möchte ich mich für einen längeren Zeitraum kontinuierlich, selbständig und aktiv an der Arbeit in einer Selbsthilfegruppe beteiligen?
- Ist mein gesundheitlicher bzw. psychischer Zustand so stabil, dass ich Schwierigkeiten – mit Unterstützung anderer – aus eigener Kraft überwinden kann?
- Reichen meine sozialen Fähigkeiten (z. B. Kommunikation, Toleranz) aus, mit den anderen Teilnehmern kommunizieren zu können?
- Kann ich meine Situation selbst so weit akzeptieren, dass ich mich den anderen Teilnehmern öffnen bzw. mitteilen kann?

Grenzen einer Selbsthilfegruppe:

- Selbsthilfegruppen sind keine Dienstleistungseinrichtungen, die beliebig und passiv konsumiert werden können. Von den Teilnehmern ist eine aktive Mitarbeit gefordert.
- Selbsthilfegruppen können eine medizinische oder therapeutische Behandlung nicht ersetzen, sie können diese aber sinnvoll ergänzen und unterstützen.
- Selbsthilfegruppen sind keine „Beratungsstellen“. Wer nur eine fachliche Frage hat oder eine einmalige Auskunft wünscht, aber nicht selbst aktiv mitarbeiten kann oder möchte, sollte sich besser an Experten im Sozial- oder Gesundheitsbereich wenden oder an relevante Einrichtungen.

Menschen, die den Weg in eine Selbsthilfegruppe finden, wollen ihre Probleme nicht mehr mit sich alleine ausmachen, sondern sie suchen den Weg der gegenseitigen Hilfe unter Gleichbetroffenen. Sie lösen sich aus ihrer persönlichen Isolation und festigen so ihre sozialen Fähigkeiten. Dadurch wird auch ihre Selbständigkeit und Eigenverantwortlichkeit gestärkt. Das Besondere an einer Selbsthilfegruppe ist, dass alle Beteiligten sich eigen-verantwortlich engagieren, ohne einen Experten, der ihnen sagt, was zu tun ist, und der die Bürde der Verantwortung abnimmt. Alle Teilnehmer sind für das Funktionieren der Selbsthilfegruppe verantwortlich, und es ist eine kontinuierliche und aktive Mitarbeit gefordert.

Oktober 2003: Erster Wiener User-Kongress im Palais Auersperg

Was sind die Gründe für die Teilnahme an einer Selbsthilfegruppe?

- In erster Linie der Leidensdruck, den die Krankheit verursacht.
- Die Einsicht, dass er mit seinen Problemen nicht mehr allein fertig wird.
- Und schließlich die Zielsetzung, sich seinen Problemen und Konflikten stellen und an sich selbst arbeiten zu wollen.

Dazu ein interessantes Zitat einer Teilnehmerin: „Das, was uns regelmäßig in der Selbsthilfegruppe zusammenführt, ist die Einsicht, den persönlichen Störungen und Problemen gegenüber machtlos geworden zu sein, und die Unfähigkeit, das Leben weiterhin alleine meistern zu können. Mit diesem Eingeständnis – wir nennen es die ‚Kapitulation' – begann bei mir im Grunde schon der Genesungsprozess. Denn mit der vorbehaltlosen Zugabe meiner Machtlosigkeit ließ ich gleichzeitig alle unrealistischen Ansprüche, Erwartungen, Anklagen, Bedingungen und alles Selbstmitleid fallen. Ich gab letztlich das Stück von mir auf, das mich bis zu diesem Zeitpunkt daran gehindert hatte, gesund (= erwachsen) zu werden. Ich war bereit geworden, auf allen Gewinn, den ich bisher aus meiner Krankheit gezogen hatte, zu verzichten – und zwar erstmalig, ohne zu wissen, was folgen würde. Ich musste aufgeben!"

Die 10 wichtigsten gewünschten Verhaltensformen in einer Selbsthilfegruppe

Gemäß wissenschaftlichen Untersuchungen zum Selbsthilfeverhalten:

- Sich einfühlen, die Gefühle anderer verstehen und teilen.
- Sich wechselseitig achten und anerkennen.
- Etwas erläutern und erklären.
- Teilnehmen lassen am eigenen Erleben.
- Anderen versichern, dass sie die Probleme eines Tages durchgearbeitet haben werden.
- Sich selbst enthüllen, öffnen.
- Andere bestärken, wenn ihnen etwas gelungen ist.
- Sich selbst Ziele setzen.
- Gefühlen offenen Ausdruck geben.
- Andere ermutigen, Probleme ausführlicher darzulegen.

12 Grundregeln für Selbsthilfegruppen

Zusammengestellt nach der einschlägigen Literatur von Gerhard Oberenzer

- Zugang zu Selbsthilfegruppen ist die eigene Betroffenheit.
- Dieses Betroffen-Sein ist keineswegs für alle dasselbe, sondern für jeden unterschiedlich.
- Jeder Teilnehmer ist Experte in eigener Sache, niemand ist Experte für die anderen Teilnehmer.
- SelbsthilfegruppenTeilnehmer werden mit ihrer individuellen Krankheitserfahrung in der Gruppe akzeptiert und sind für sich selbst verantwortlich.
- Alle Teilnehmer sind gleichberechtigt. Trotzdem gibt es vereinbarte Verantwortlichkeiten für die Organisation und Koordination der Gruppentreffen und anderer Aktivitäten.
- Die Teilnehmer kommen pünktlich und regelmäßig zu den Gruppentreffen. Wer verhindert ist, meldet sich bitte bei einem der anderen Teilnehmer ab.
- Was in der Gruppe besprochen wurde, wird niemals nach außen getragen.
- Die Teilnehmer sprechen von sich selbst und nicht über andere. Sie benutzen daher die „Ich"-Form und vermeiden die „man"-Form.
- Aktives Zuhören ist die Grundlage, um andere richtig verstehen zu können.
- Keine Ratschläge geben! Die Selbsthilfegruppentreffen dienen dazu, einander zu helfen, eigene Entscheidungen zu finden.
- Anfangs- und Schlussrunde: In der Anfangsrunde haben die Teilnehmer die Möglichkeit, kurz zu sagen, wie es ihnen seit dem letzten Treffen ergangen ist. In der Schlussrunde sagen die Teilnehmer kurz, wie sie sich jetzt fühlen. Es ist dabei darauf zu achten, dass daraus keine Diskussionsrunden werden.
- Selbsthilfegruppenmitglieder dürfen nicht darauf bauen, dass sich das Selbsthilfepotential von alleine entwickelt. Erst nach einer längeren Phase des Zusammenwachsens kann sich eine stabile Gruppe entwickeln. Deshalb sollte jeder Teilnehmer in den Anfängen einer Gruppe mit sich selbst und den anderen den Pakt schließen, zumindest die ersten zehn Mal kontinuierlich an der Gruppe teilzunehmen, da sich erfahrungsgemäß erst nach circa zehn Wochen ein ausgeprägtes Gruppengefühl einstellt.

Weniger gefragte Verhaltensformen

- andere bestrafen
- andere in fordernder oder gar bedrohlicher Weise konfrontieren (wie z. B. oft in Therapiegruppen üblich)
- Rückmeldung (Feedback) erbitten, wie andere einen erleben
- das gestörte Verhalten der Gruppe vorführen

Daraus ergibt sich, dass in Selbsthilfegruppen vor allem die hilfreichen Aktivitäten zum Tragen kommen, da sie den fundamentalen menschlichen Bedürfnissen entsprechen – nach Einfühlung, nach Anerkennung, nach dem Sinn des eigenen Erlebens, nach Beziehungen zu anderen und nach Hoffnung.

Das bewusste Ziel ist die Bearbeitung der Konflikte. Ein weniger bewusstes Gruppenziel ist jedoch: nicht die möglichst rasche Heilung eines einzelnen, also eine isolierte Spitzenleistung unter Umständen gar auf Kosten der anderen, sondern die möglichst gleichmäßige Verteilung des ‚therapeutischen' Fortschritts auf alle. Somit wird eine Gleichgewichtstendenz angestrebt. Eine Gruppe ist also immer so stark wie ihr schwächstes Mitglied.

Erdgeschoss Grüngasse: das Reich der Selbsthilfegruppen

Zwar sind die Selbsthilfegruppen keine Therapie im engeren Sinn, aber aus ihnen ergeben sich doch wichtige therapeutische Effekte, die letztlich auf Einsicht beruhen, d. h. auf der Entdeckung neuer Sinnzusammenhänge, auf einem neuen Verständnis seiner selbst und der subjektiven Wirklichkeit. Sie bewirken also eine ‚Heilung' durch eine neue Definition der eigenen Identität und Lebenswelt!

Das Sonnensegel

Im Gespräch mit Donat Grzechowiak und Birgit Lurz

Im rechten Flügel des lichtdurchfluteten Ausstellungsraums im „Sonnensegel" waltet Mag. Donat Grzechowiak, der Chef des „Ateliers". Er hat in Krakau die Fakultät für Restaurierung und Bildhauerei absolviert, aber schon in seinen ersten polnischen Berufsjahren war das soziale Engagement ausgeprägt: Anthroposophie hat ihn interessiert, die Erziehungsmethoden der Waldorfschulen wollte er studieren, aber dazu gab es keine Möglichkeit in Polen. Er unterrichtete in einer Sonderschule, in der ihm eine ganze Klasse voll psychisch kranker Schüler zugeteilt war. Er nennt es einen Glücksfall: „So konnte ich schon damals die Probleme solcher Menschen studieren." Nachdem er schließlich auch eine Wohngemeinschaft von psychisch Kranken zu betreuen hatte, wollte er den Job als Restaurator endlich ganz aufgeben und lieber mit Menschen arbeiten. Die Wende machte es möglich. Über eine Reise nach Deutschland landete er schließlich in Wien, und hier ist er nun seit 15 Jahren. Das „Sonnensegel" gab es schon einige Jahre, Christian Horvath hatte es an einem anderen Standort als Selbsthilfeverein gegründet. „Als selbst nicht Betroffener hatte ich dort nichts verloren, aber ich beobachtete es von weitem. Als es dann auf Initiative von Christian Horvath von *pro mente* übernommen wurde, habe ich mich sofort beworben."

Im Mai 2005 gab es ein großes Eröffnungsfest mit über 300 Gästen, die sich als wirkungsvolle Multiplikatoren erwiesen haben: „Der Bedarf ist sehr groß, ich komme gar nicht nach. Mache ich eine Staffelei fertig, wird sie mir schon aus den Händen gerissen und benützt." Zwei bis drei Bewerbungen pro Woche kommen herein von Künstlern, die im „Atelier", im Herzstück des „Sonnensegels", arbeiten wollen.

Seit kurzem gibt es eine neue Aufgabenteilung. Während Mag. Grzechowiak sich um die Künstler im Atelier kümmert, managt Mag. Birgit Lurz das Sonnensegel als Galerie. Das ist nichts Neues für sie. Sie ist Kunsthistorikerin, hat über Galerieräume ihre Diplomarbeit geschrieben und in Galerien gearbeitet. Das Sonnensegel kennt sie schon lange als Besucherin. Und sie fühlt sich hier am richtigen Platz: „Der Kunstbereich überschneidet sich sehr oft mit sozialen und politischen Themen."

Soziale Integration betrifft das Kernengagement von *pro mente* Wien. Die hier künstlerisch tätig sind, stellen eine besondere Art von Selbsthilfegruppen dar. Die künstlerische Leitung ersetzt nicht die Kreativität der einzelnen Person, und sosehr jeder und jede mit dem eigenen Werk beschäftigt ist, so spielt doch auch die Anwesenheit und Tätigkeit der anderen eine entscheidende Rolle: Man arbeitet nicht abgeschieden im eigenen Atelier, sondern an einem Ort des Austausches und der Begegnung; denn nichts ist schädlicher für psychisch Kranke als die Isolation. Dafür ist das „Sonnensegel" zu einer unentbehrlichen Ressource geworden. Als Atelier, Gruppenraum oder Veranstaltungsort bringt es zwei Seiten des sozialen Gefüges zusammen und verknüpft sie, die immer in Gefahr sind, auseinanderzudriften: das soziale Netzwerk Wiens und die durch

Das Atelier im Sonnensegel: Treffpunkt und Arbeitsraum der Künstler

psychische Krankheit isolierten Menschen, die Gesellschaft und diejenigen, die an ihren Rand geraten sind. Da macht es keinen Unterschied, ob man gesund oder erkrankt ist. Es geht in erster Linie um die Teilnahme und um die Nutzung der Möglichkeiten. Damit ist das Haus „Sonnensegel“ eines der anschaulichsten Projekte von *pro mente*, um der Isolation von Menschen mit psychischer Erkrankung ein Ende zu bereiten. Bei jeder Veranstaltung können sich die BesucherInnen mit eigenen Augen davon überzeugen.

Das „Sonnensegel“ ist kein Ghetto für psychisch kranke Künstler, ganz anders als im berühmten Künstlerhaus von Gugging: Dort sind die Patienten stationär, werden von Ärzten betreut, und das Kunstkonzept ist eine Form der Therapie. Das „Sonnensegel“, erklärt Grzechowiak, „versteht sich mehr als Startinitiative für etwas stabilere KlientInnen, die bereits in einer gewissen Form von Selbständigkeit leben.“ Zehn bis fünfzehn Künstler arbeiten regelmäßig im „Atelier“, darunter auch fünf Frauen; aber der Bedarf wäre weitaus größer. Hier gehen alle aus und ein, die an Kunst, an Begegnungen, an sozialen Kontakten interessiert sind. Deshalb können hier verschiedene Veranstaltungen durchgeführt werden: Tagungen, Präsentationen, Konzertabende (ein kleiner Sauter-Flügel steht zur Verfügung). In Form von Kooperationen können Räume im Projekt Sonnensegel angemietet und genützt werden. Zur Auswahl stehen 140m^2 im Erdgeschoss oder ein 120m^2 großer Raum mit Bühne im Keller. Alle Veranstaltungen inkludieren bei gastronomischem Bedarf die Unterstützung durch das *pro mente* Wien CATERING MAX.

Was die Vermietung der Räume betrifft, will Lurz in Zukunft gezielter vorgehen. Nicht jeder soll hier seine Party abhalten können. „Vorrangig ist das Ausstellungsprogramm.“ Bisher wurden hier nur die Werke der Künstler gezeigt, die im Atelier arbeiten. Lurz stellt sich noch etwas Anderes vor: „Auch erfahrene Künstler von auswärts sollen ausstellen, und ich möchte sie einladen, hier eigene oder partizipative Projekte mit den Künstlern im ‚Atelier‘ zu verwirklichen“. Malerei steht bisher im Vordergrund, Plastik und Installationen kommen fallweise dazu. Großes Interesse der Künstler im Atelier besteht auch an anderen Medien. „In Zusammenarbeit mit Künstlern außer Haus, die über das entsprechende technische Equipment verfügen, wäre auch an Videoarbeiten zu denken“, hofft Birgit Lurz. Sie hat nicht die Erfahrung mit psychisch Kranken, die Donat Grzechowiak mitbringt; aber sie weiß, dass es darauf ankommt, diesen Menschen „ganz normal“ gegenüber zu treten. Und das ist nicht schwer, denn sie sind „tolle Persönlichkeiten und tolle Künstler, die ich sehr schätze.“

Im Sonnensegel finden Gruppenveranstaltungen und der laufende Atelierbetrieb statt. Somit kommt man durchschnittlich auf 30 Besucher pro Tag. An starken Tagen kommen und gehen bis zu 70 Personen innerhalb von 24 Stunden. Bei Veranstaltungen finden stehend im Erdgeschoss 250 Personen Platz (im Kellerraum 100); sitzend, sei es mit Tischen für Seminare oder zum Essen, 50 bis 70 Personen.

Im Atelier Sonnensegel haben psychoseerfahrene Künstler die Möglichkeit, frei zu arbeiten. Als Mitglied in der Künstlergruppe erklärt man sich bereit, gemeinsam mit dem künstlerischen Leiter Mag. Donat Grzechowiak das eigene Potential zu erweitern. Material und Platz werden zur Verfügung gestellt. Das Atelier ist täglich von 14 bis 19 Uhr geöffnet.

8 Die Zukunft der Gesundheit

Flexibilisierung, Lohndruck, Arbeitslosigkeit: Mit dem Stress nehmen psychische Störungen zu, während das Geld weniger wird. Professionelle Weiterbildung wird immer wichtiger. Die Zukunft von *pro mente* hängt davon ab: Wird die Öffentliche Hand ihre soziale Verantwortung weiter abgeben? Wird es genug Sponsoren geben? Werden sich Freiwillige melden, um die Arbeit der ersten 40 Jahre weiterzuführen? Eine Organisation braucht eine Hierarchie, Ordnung muss herrschen, Leistungen müssen erbracht werden. Kann eine Organisation sozial sein, Beziehungssysteme anbieten und trotzdem geordnet arbeiten? Eine Organisation braucht Geld. Wer bezahlt *pro mente*? Wie sieht das Verhältnis von Freiwilligen im Ehrenamt und Hauptberuflichen aus? Welchen „Profit" erzeugt eine Non-profit-Organisation? Schließen Effizienz und soziale Haltung einander aus?

Ein Ausflug in die *pro mente* Akademie

Im Gespräch mit Andreas Schwab

Lebenslanges Lernen als Vision einer neuen Lernkultur klingt verheißungsvoll. Dabei sollte aber auf die „Lust zum Wissen" nicht vergessen werden. Die sozialpsychiatrische und psychosoziale Arbeit unterliegt starken Veränderungen der notwendigen beruflichen Kenntnisse. Die geforderten Standards können nur durch kontinuierliche Weiterbildung erreicht werden. Die Forcierung aktiver Weiterbildungsmaßnahmen wirkt sich auf jeden Fall positiv auf die Motivation der MitarbeiterInnen und auf das Klima der Zusammenarbeit aus.

Akademie – scheint das nicht ein hochtrabender Name? Stellt man sich darunter nicht ein repräsentatives Gebäude vor, in dem eine umfangreiche Bildungsbürokratie amtiert? Nichts davon in der Grüngasse 1a. In den oberen Stockwerken gibt es ein winziges Büro, die Akademie wird von zwei Personen betrieben, vom Akademieleiter Mag. Andreas Schwab und seiner Mitarbeiterin im Sekretariat. Rundum einige Seminarräume. Wenn der Andrang groß ist, gibt es ja ebenerdig den großen Saal, oder man weicht ins „Sonnensegel" aus. Zweierlei dominiert in dieser Akademie: die Inhalte und der Stil. Das Programm ist hochkarätig und einsame Spitze auf seinem Gebiet. Da es gelungen ist, anerkannte Berufsausbildungen an Land zu ziehen, kommt man heute in Wien an der *pro mente* Akademie nicht mehr vorbei. Die Vortragenden der Akademie kommen nur zum Teil von außen; das ganze *pro mente* Team ist für die Bildungsarbeit qualifiziert und bringt überdies den Vorteil, unmittelbar mit der täglichen Praxis in Verbindung zu stehen. Eine Akademie ohne überflüssige Bürokratie prägt auch den Stil des Hauses: Wer sich hier fortbildet, spürt etwas vom Geist, der von Anfang an bei *pro mente* wehte. Nicht Zahlen sind hier ausschlaggebend, sondern die beharrliche Befassung mit den einzelnen Menschen. Gerade das schlägt sich aber auch in Zahlen nieder. Zu den jüngsten Erfolgen zählt die Eröffnung des Psychotherapeutisches Propädeutikums in Kooperation mit der Gesellschaft für Logotherapie und Existenzanalyse Österreich, dessen erstes Curriculum erfolgreich angelaufen ist; einzigartig ist hier die Chance, auch die vorgeschriebenen Praktika im Haus, also bei *pro mente* zu machen.

Kleine Bürokratie spart auch Kosten, und da *pro mente* nicht auf Gewinn orientiert ist, wird hier Bildung zu mäßigen Preisen angeboten. Was der *pro mente* Akademie fehlt, sind einzig Zimmerfluchten für Sekretariate und das Marmorportal …

Bildung war von Anfang an im Konzept Raoul Schindlers mitgedacht. Es begann mit den Einführungsvorträgen über soziale Psychiatrie in der Wiener Urania, später auch in anderen Volkshochschulen. Das galt ursprünglich den ehrenamtlichen Mitarbeitern, dann ging es darüber hinaus auch um öffentlichkeitswirksame Aufklärung über die Frage, was denn psychische Erkrankung überhaupt ist und womit sich Psychiatrie beschäftigt. Der nächste Schritt war das Angebot von gezielten Seminaren und Workshops für Kolleginnen und Kollegen aus dem Sozial- und Gesundheitsbereich, nicht nur für *pro mente* intern.

Dafür wurde 1997 das Bildungsreferat gegründet. Kurse gibt es im *pro mente*-Zentrum, aber die Präsenz in Volkshochschulen mit ausgewählten Themen wie Burnout, Stress, Depression usw. blieb aufrecht. Mit Anfang 2005 erfolgte die Umbenennung in *pro mente* Akademie.

Akademieleiter Andreas Schwab, klinischer Psychologe und Gesundheitspsychologe, über seine Motivation: „Ich möchte einen Beitrag gegen die Stigmatisierung psychisch kranker Menschen leisten. Das ist eine gute Motivation, die

TeilnehmerInnen über die Seminare der *pro mente* Akademie

Als abwechslungsreich und inhaltlich befruchtend habe ich die flexible Seminargestaltung empfunden: keine fixen Gruppen durch die gesamte Ausbildung, sondern ein lebendiger Austausch durch das Hinzukommen von Teilnehmern und damit ein guter Mix an Menschen unterschiedlicher Berufe, Einstellungen und Ideen.

*

Zwei Jahre nach meinem Abschluss kann ich sagen, dass mir die Ausbildung bei der *pro mente* Akademie in meinem Hauptberuf enorm geholfen hat. Einen wesentlichen Teil meiner Karriere in den letzten beiden Jahren zum Geschäftsführer verdanke ich sicher den dort gelernten Fähigkeiten, den so genannten „soft skills".

*

Die Ausbildung bei *pro mente* hat mir viel konkreten Nutzen gebracht: Dass zwei sehr unterschiedliche Ansätze gelehrt werden, hat meinen Horizont erweitert, und dass vor allem Praktiker lehren, hat mir eine sehr praxisorientierte Ausbildung mit vielen Fallbeispielen ermöglicht.

*

Nach unserem ersten Wochenende bei Ihnen möchte ich zuallererst sagen, wie wohl wir uns gefühlt haben. Es besteht eine derart gute Atmosphäre, dass das Arbeiten zum reinen Vergnügen wird! Ich wollte Ihnen nach meinem ersten Seminar-Wochenende bei *pro mente* gerne nochmals danken, dass ich hier meine neue Bildungsheimat – mit Ihrer Unterstützung – finden durfte.

*

Für mich war an diesem Wochenende ein großer Anteil Selbsterfahrung dabei, den ich nicht missen möchte. Das Seminar war, wie von Ihnen versprochen, extrem praxisbezogen und hat sich zu meinem theoretischen Wissen wunderbar ergänzt.

*

Besonders erwähnen möchte ich diese „menschelnde" Atmosphäre in Ihrem Haus, die einem ein sehr angenehmes Gefühl des Angenommenseins vermittelt.

*

Ich habe die Gruppenselbsterfahrungsseminare immer als für mich sehr produktiv und entwicklungsfördernd erlebt und glaube, dass ich auch nach der Ausbildung durch eine Teilnahme sehr profitieren kann.

*

Die Flexibilität und Großzügigkeit im Umgang mit Problemlösungen finde ich großartig.

auch die eine oder andere durchgearbeitete Nacht rechtfertigt." Schwab hat mit fünfzehn Jahren Sigmund Freuds Traumdeutung gelesen, war fasziniert, „auch wenn ich davon sehr wenig verstanden habe". Nach der Arbeit im Kriseninterventionszentrum bei Prof. Sonneck und zwei Jahren im Therapiezentrum Ybbs mit geistig und körperlich mehrfach behinderten Erwachsenen hat er bei *pro mente* angeheuert.

Zu Schwabs Grundüberzeugung gehört das Diversity-Management: Unterschiede in einem Betrieb, einem Unternehmen, auch in einer Akademie müssen integriert werden, weil man längst erkannt hat, dass Menschen unterschiedlicher Kultur einander bereichern. Das bedeutet auch, dass Menschen mit Behinderung Ressourcen in sich tragen, die sie dann ins Unternehmen einbringen können. So wie Blinde andere Sinne besonders stark entwickeln, geht etwa ein Depressiver vermutlich gewissenhafter, langsamer an Aufgabenstellungen heran. Das bringt einen Nutzen, weil der nicht so viel übersieht wie ein anderer. Das ist eine Ressource, die eine Wertschätzung verdient.

Wenn man Andreas Schwab nach dem Echo der TeilnehmerInnen an Akademiekursen fragt, so zieht er einen Vergleich mit dem Krankenhaus. Dort wird der Patient zuerst nach seiner Versicherungsnummer gefragt und nach den Daten seiner Krankheit beurteilt, das Interesse gilt nicht primär der Person. Nicht anders erfahren es viele Teilnehmer in Fortbildungskursen aller Art. Aus den Reaktionen der TeilnehmerInnen in der *pro mente* Akademie geht eine andere Erfahrung hervor. Sie fühlen sich hier als Personen angenommen und gefördert.

Gesundheit am Arbeitsplatz

26 Fragen bietet der „ganz persönliche Stresstest", den *pro mente* Wien anbietet, damit jeder und jede herausfinden kann, wie es um die eigene Seele steht. Nur bis zu fünf Ja-Antworten bescheinigen gute Gesundheit. Wenn aber Termindruck, Streit, unklare Arbeitsziele und Energiemangel zu Schlaflosigkeit oder Magenschmerzen führen, wenn die Erholung selten und der Griff zum Glas häufiger wird, dann ist die Alarmstufe erreicht, die eine dringende Umkehr fordert. Wer sich mit psychischen Krankheiten beschäftigt, weiß ja, wie es meistens anfängt. Gewiss, es gibt Dispositionen, vielleicht Erbanlagen, aber die Auslösung erfolgt fast immer durch Situationen der Überforderung, durch Stress oder ungelöste Konflikte und ausweglose Lebenssituationen. Prof. Dan-

tendorfer bestätigt: „Psychische Krankheiten haben nicht eine einzige Ursache. Genetische Grundlagen sind wesentlich, aber gerade bei Depression und Angsterkrankungen wissen wir, dass die externen Faktoren, die Umweltfaktoren, die gesellschaftlichen Faktoren eine wesentliche Rolle spielen."

Arbeit ist lebensnotwendig, als Lebensmittel und als Beschäftigung; Arbeitstherapie kann heilen. Aber Arbeit kann auch krank machen – es kommt auf die Arbeitsbedingungen an. *pro mente* hat den Schritt in die Prävention getan – nicht nur heilen, sondern vorbeugen ist die Devise. Gesundheit am Arbeitsplatz ist – leider – ein Thema mit Zukunft: Wachsender Konkurrenzdruck und Angst vor Jobverlust steigern Stress und Burnout mit gefährlichen psychischen Folgen. *pro mente* hat sich die Aufgabe gestellt, nicht nur an der „Seelenreparatur" der Opfer zu arbeiten, sondern die Politik wachzurütteln, die sich nicht länger der Verantwortung für menschenwürdige Arbeitsbedingungen entziehen darf. Denn auch hier, am Arbeitsplatz, wird die Zukunft der Gesundheit entschieden. Die Aktion „Gesundheit am Arbeitsplatz" ist ein Projekt der gesamten *pro mente* Austria.

Dantendorfer entwickelt das Szenarium im Gespräch: „Das Wissen der Menschen in den Betrieben hat zugenommen, ist aber noch nicht ausreichend. Denn da kann viel an Selbstschutz passieren. Wir versuchen immer wieder klarzumachen, dass die beste Prävention, die man betreiben kann, die eigene Psychohygiene ist. Dazu gehört eine gewisse Fähigkeit zur Selbstbeobachtung und Selbstbeurteilung, auch das Wissen darum, dass es notwendig ist, sich hin und wieder die Zeit zu nehmen, über die eigene aktuelle Situation nachzudenken und zu schauen: Bin ich in einer Situation, die ich haben will und die ich auf Dauer aushalte? Dabei geht es nicht nur um Menschen, die in der Arbeit unglücklich sind; es trifft ja auch Leute, die sagen: „Super, das ist der Job meines Lebens!" – bei denen es dann aber durch Beschleunigung und materiellen Druck zu einer permanenten Überforderung kommt, die am Ende nicht mehr aushaltbar ist und zum Zusammenbruch führt."

Bei diesem zukunftsträchtigen Projekt sind keine globalen Modelle gefragt. Wichtig ist es vielmehr, konkrete Erfolge in Betrieben zu erzielen: Der Kontakt zu Betriebsinhabern, Personalchefs, leitenden Angestellten und Betriebsräten ist entscheidend. Dann stellt sich heraus, dass oft 20 Prozent der Belegschaft ein latentes Alkoholproblem haben, und das nicht zufällig. Es gibt 450.000 Alkoholgefährdete in Österreich, und da sind selbstverständlich auch Berufstätige dabei – also gibt es in jeder Firma einige davon. Personalchefs wissen, dass solche Menschen mehr Krankenstände haben und dass ihre Leistung abfällt, wenn sie beginnen, ihre Überlastung und ihren Stress mit Alkohol zu bekämpfen.

Die Gesamtbelastung der Erwerbstätigen ist seit 1991 deutlich gestiegen. Studien belegen:

- 60 Prozent der Erwerbstätigen (Männer wie Frauen) fühlen sich einer oder mehreren beruflichen bzw. Zusatzbelastungen ausgesetzt.
- Über 40 Prozent leiden unter starkem Zeitdruck.
- Je ca. ein Fünftel berichtet über Belastungen aufgrund schwerer körperlicher Arbeit und von Konflikten am Arbeitsplatz.
- Jede/r achte Erwerbstätige leidet unter der Mehrfachbelastung von Haushalt, Kindern und Beruf.
- Ca. zwei Prozent berichten von einer Mehrfachbelastung im Beruf durch Pflegefälle in der Familie.
- Männer sind häufiger als Frauen Belastungen aufgrund schwerer körperlicher Arbeit und starken Zeitdrucks ausgesetzt.
- Bei Frauen kommt die Mehrfachbelastung durch Haushalt, Kinder und Beruf sowie durch Pflegefälle in der Familie stärker zum Tragen.
- Belastungen aufgrund von Konflikten am Arbeitsplatz finden sich bei beiden Geschlechtern etwa gleich häufig.

Bei Vorhandensein beruflicher Belastungen sind vermehrt zu beobachten: Schlafstörungen, Schwäche und Müdigkeit, Nervosität, Niedergedrücktheit (Depressionen), (psycho)somatische Beschwerden wie Kreislaufstörungen, Herzbeschwerden, Kopfschmerzen/Migräne, Rücken- bzw. Kreuzschmerzen, Gelenks-, Nerven- und Muskelschmerzen an Hüfte, Bein bzw. Schulter, Arm. Erwerbstätige, die von beruflichen Belastungen berichten, neigen zudem eher zu gesundheitsschädigendem Verhalten (wie z. B. Rauchen) und sind häufiger krank, d. h. vom Arbeitsplatz abwesend, und nehmen auch häufiger Leistungen des Gesundheitssystems in Anspruch.

Hält man sich diese Analyse vor Augen, so muss es auch im Interesse der Wirtschaft liegen, sich mit der psychischen Gesundheit am Arbeitsplatz zu beschäftigen, hängt daran doch die Produktivität jedes Betriebes. *pro mente* bietet Betriebsseminare und Beratung an, und die Erfahrung lehrt, dass die Aufgeschlossenheit für das Thema im Wachsen ist. Menschenfreundlichkeit, professionell umgesetzt, erweist sich immer noch als der beste Weg in die Zukunft.

Produktiv, effizient, sozial

Die Führungscrew analysiert
Im Gespräch mit Karl Dantendorfer, Rudolf P. Wagner, Michael Felten, Elisabeth Muschik

Die Zukunft von *pro mente* liegt in einem ganzen Bündel von veränderten Bedingungen. Obmann Prof. Dantendorfer stellt aus der Kenntnis von 25 Jahren Medizingeschichte, die er überblickt, fest, dass psychiatrische Krankheiten häufiger als früher diagnostiziert werden, ohne dass sie deshalb häufiger auftreten. Schizophrenie trifft ein Prozent der Bevölkerung wie vor hundert Jahren, und das in allen Staaten der Welt, gleichgültig, ob es sich um Industriestaaten oder Entwicklungsländer handelt. Die Größenordung bei den manisch-depressiven Erkrankungen liegt bei etwa 1,5 Prozent. „Wo wir aber nicht nur erhöhte Diagnosehäufigkeit haben, sondern auch zunehmende Erkrankungen, das sind die Depressionen und die Angsterkrankungen." Äußere Ursachen dafür sind Globalisierungsangst und die Befürchtung: Wir können uns unseren Wohlstand, unsere Sozialsysteme und die Absicherung nicht mehr leisten.

Keine Gesundheit ohne psychische Gesundheit. Für den einzelnen Bürger ist die psychische Gesundheit eine Voraussetzung dafür, dass er sein intellektuelles und emotionales Potenzial verwirklichen und seine Rolle in der Gesellschaft, in der Schule und im Arbeitsleben finden und erfüllen kann. Auf gesellschaftlicher Ebene trägt die psychische Gesundheit zum wirtschaftlichen Wohlstand, zur Solidarität und zur sozialen Gerechtigkeit bei. Dagegen verursachen psychische Erkrankungen vielfältige Kosten und finanzielle Verluste und belasten die Bürger und die Gesellschaftssysteme.

Aus dem „Grünbuch" der Europäischen Kommission
zur Psychischen Gesundheit, 2005

Bedeutet das veränderte Aufgaben in der Sorge um psychisch Kranke? *pro mente* war von der Gründung an bestrebt, Angebote zu schaffen, die die Medizin nicht abdeckt, weil eben gesellschaftlicher und medizinischer Bereich einander so stark überlappen und ineinander greifen, „und weil die Medizin allein besonders in der Psychiatrie nicht in der Lage ist, das anzubieten, was die Menschen brauchen, gerade bei den Menschen, die so langfristige, zum Teil lebenslange Erkrankungen haben". Dazu kommt, betont Dantendorfer, „die Stigmatisierung dieser PatientInnen, auch bei den sozusagen leichteren Krankheiten wie bei der Depression; denn das sind Erkrankungen, die nicht nur die medizinische, sondern auch eine soziale Komponente haben, und da greift die Medizin zu kurz". Die Seele von *pro mente* ist und bleibt der Gedanke der gegenseitigen Hilfe, der Hilfe der Gesunden an die Kranken „unter Umgehung der Medizin" – und der Hilfe der Kranken untereinander: Selbsthilfe ist in den letzten Jahren immer wichtiger geworden.

Heilmittel Beziehung

Die Anforderungen verschieben sich und nehmen zu. Alle Fäden laufen in den oberen Stockwerken der Grüngasse zusammen. Dort amtierte bis Ende 2004 Elisabeth Muschik und übergab die Geschäftsführung nach 18 Jahren an Dr. Rudolf P. Wagner und Michael Felten. Büros, Angestellte, Arbeitszeiten, Verwaltung, Geschäftsführung: Ist *pro mente* ein Betrieb wie jeder andere?

Diese Frage lässt sich erst beantworten, wenn man sich über das „Produkt" im Klaren ist, das hier „erzeugt" wird, und ob dieses „Produkt" überhaupt gezählt und gemessen werden kann. *pro mente* liefert das unbezahlbare „Produkt" psychische Gesundheit. Das ist begehrt wie nie zuvor, manche Zeitgenossen zahlen dafür hohe Summen bei Psychotherapeuten. Und obwohl *pro mente* sein Angebot verschenkt, ist der Absatz nicht gesichert. Man kann zwar die Köpfe der Klienten zählen, aber wie gesund sie wirklich werden, entzieht sich der Statistik. Psychisch Kranke werden ihre Krankheit oft nicht los, sondern lernen, damit zu leben. Das ist ohne Zweifel ein Erfolg. Aber es gibt Rückfälle, und manche KlientInnen brauchen eine lebenslange Begleitung. Hat sich in solchen Fällen das Engagement von *pro mente* „ausgezahlt"? Muss man von Misserfolgen reden und sie von den Erfolgen subtrahieren?

Die heute üblichen Maßstäbe taugen nicht. „Ich habe gehört", erinnert sich Elisabeth Muschik, „man dürfe nicht von non-profit-organisations (NPOs) reden, weil es dann sofort heißt, die leisten nichts, denn sie verdienen nichts. Wie misst man den Profit, den wir erbringen? Man sollte einmal nachdenken, ob man das nicht social profit oder wie immer nennen müsste. Angeblich keinen Profit zu machen, setzt einen sofort gegenüber der Wirtschaft in das schiefe Licht sozialen Schmarotzertums. Wir dürfen uns aber als solche Einrichtungen nicht in diese Ecke stellen lassen!"

Psychiater, Psychotherapeuten und Psychologen sind die Fachleute, wenn es um psychische Erkrankungen geht. Es gibt vielerlei Arten von Therapien, es gibt notwendige Medikamente. Aber kaum etwas hat Erfolg ohne das wichtigste aller Heilmittel: Beziehung. Wer aus dem seelischen Gleichgewicht geraten ist, braucht nichts dringender als zuverlässige, vertrauenswürdige, durch nichts zu erschütternde Beziehungen, eine Person, auf die man sich verlassen kann, am besten ein ganzes Netz solcher Beziehungen. Das ist der Grund, warum Raoul Schindler auf den Gedanken kommen konnte, Laien zur Betreuung psychisch Kranker heranzuziehen. Sie verfügen nämlich, wenn sie es gut machen, über das wichtigste Heilmittel, das auch die Fachleute nicht vernachlässigen dürfen: das Angebot einer Beziehung, die nicht nur stabil sein muss, sondern keinen professionellen Niveauunterschied zwischen Betreuung und Klient aufkommen lassen darf. „Das Beziehungsangebot für die Klienten und Klientinnen muss gleichwertig sein", verlangt Elisabeth Muschik, und sie stellt die Frage, die die *pro mente* Arbeit unablässig begleitet: „Wie kriege ich diese Begegnung hin, und wie bekomme ich die Leute dazu, sich aufeinander einzulassen, ohne eine herablassende, wohlmeinende Mildtätigkeit zur Schau zu stellen?"

Innen und außen

Das Beziehungsangebot kommt seit Jahren täglich von 70 bis 80 SozialbegleiterInnen (um nur das erste und älteste Engagement von *pro mente* zu nennen). Wie muss eine Organisation aussehen, die dieses große und so schwer fassbare Angebot verwaltet?

Elisabeth Muschik ist von Anfang an mit dieser Frage konfrontiert worden. „Mir ist bald klar geworden, dass das Beziehungsangebot, das ich von den Mitarbeitern an ihre KlientInnen verlange, ein Äquivalent braucht, und zwar von der Organisation des Vereins an die Mitarbeiter. Die Mitarbeiter im Haus von *pro mente* nehmen eine Schnittstellenfunktion gegenüber den Ehrenamtlichen ein, sie sind dazu da, dieses Beziehungsangebot an die Freiwilligen zu liefern, damit diese sich das nicht auf unfaire oder unsaubere Art von der Klientel holen müssen."

Denn so würde es nicht funktionieren: Dass die SozialbegleiterInnen oder TrainingshelferInnen eine heilsame Beziehungskultur entwickeln, selbst aber wie seelenlose Schachfiguren behandelt werden. Auf den ersten Blick scheint das selbstverständlich, aber die Geschichte der Psychiatrie, der Pädagogik oder der

Seelsorge verzeichnet genug Beispiele, wo diese Selbstverständlichkeit außer Acht gelassen wurde. Tatsächlich besteht eine Schwierigkeit darin, dass ein Betrieb trotz allem ein Betrieb bleibt, in dem effektiv gearbeitet werden muss. „Wir müssen das Soziale, die Beziehungen auch innerhalb des Betriebes aufrechterhalten", sagt Geschäftsführer Wagner. Das ist die Kunst: „Chef zu sein, Leistungen verlangen zu müssen, aber nicht die Kälte, die in manchen Industriebetrieben herrscht, ausstrahlen." Und er meint weiter: „Das Wesentlichste ist die Grundhaltung in der Begegnung. Diese Grundhaltung zeigt sich durch das Ernstnehmen der Anliegen, die einem entgegengebracht werden. Es ist völlig klar, dass die Mitarbeiter Funktionen auszufüllen haben, denn eine Organisation kann es sich nur in sehr beschränktem Ausmaß leisten, dass Funktionen nicht ausgefüllt werden. Da unterscheiden wir uns von keinem anderen Betrieb. Für mich ist die Leitlinie: Ernstnehmen im Anliegen. Und das geht ja auch nur, wenn ich im Hintergrund eine prinzipielle Wertschätzung für den anderen Menschen mitbringe. Der Arbeitsplatz ist kein Wohnzimmer, ich bin hier nicht privat und zu Hause, ich habe nur eine Berechtigung, hier zu sein, wenn ich die mir gestellten Aufgaben wahrnehme. Aber das hindert mich nicht daran, achtend mit den Leuten umzugehen. Auf diese Grundhaltung müssen wir achten, denn wenn wir sie untereinander in der Arbeitsbeziehung nicht leben können, dann können wir sie dem Klienten gegenüber auch nicht leben."

Eine geniale Idee lässt sich im Vorzimmer des Primarius Schindler vergleichsweise einfach managen. Was im Rückblick vielleicht „handgestrickt" aussehen mag, ist das richtige Transportmittel für das Engagement einer Pionierzeit. *pro mente* ist nicht nur größer geworden, beschäftigt mehr Mitarbeiter und braucht mehr Geld; auch die Zeiten sind komplizierter geworden, und es ist sehr die Frage, ob sich im Dschungel heutiger Bürokratie eine neue Idee so leicht durchsetzen ließe, wenn sie mit eingefahrenen Gewohnheiten bricht. Das Problem hat gerade in den letzten Jahren massiv zugenommen. Die NPOs bedienen sich eines immer professionelleren Managements, man muss sehr differenzierte Kriterien erfüllen, um staatliche oder EU-Förderungen zu bekommen. Das sind von außen aufgezwungene Bedingungen, die auch die innere Struktur einer sozialen Organisation verändern. „Vorschriften sind zu erfüllen, und Beziehungen werden gebraucht", erklärt Muschik den wachsenden Zwiespalt. „Und jeder, der in einer sozialen Einrichtung mitarbeitet, hat doch mit Recht die Erwartung an ein zufriedenstellendes Beziehungsangebot. Das ist ein Balanceakt, der unbeschreiblich schwierig ist, und zwar speziell für das Management."

Umsonst, aber nicht vergeblich

Rudolf P. Wagner nennt ein Beispiel: Wenn ich Angst habe, ins Kaffeehaus zu gehen, sag ich auch nicht zu meinem praktischen Arzt, er soll mit mir gehen, sondern ich ruf einen Freund an. Aber wenn ich keinen Freund mehr habe, brauche ich einen Ehrenamtlichen als Brücke, der mich vielleicht begleitet. Ehrenamt ist keine Sache der Menschenfreundlichkeit und der Geldersparnis, sondern ein notwendiges Bindeglied von der Sache her, das durch bezahlte Profis nicht ersetzbar ist, auch wenn man dafür genug Geld hätte.

Ohne die, die es umsonst (aber nicht vergeblich) machen, gäbe es *pro mente* nicht. Die Sozialbegleitung, womit es angefangen hat, ist nach wie vor die Seele von *pro mente*. Die Motivation dafür setzt auf der einen Seite eine professionelle Struktur voraus, Ausbildung und Betreuung der Ehrenamtlichen in Gruppen, die sich untereinander „intervidieren" und die von außen zusätzlich supervidiert werden. Mit anderen Worten: Die Ehrenamtlichen motivieren sich gegenseitig in einem sehr professionellen Rahmen. Die andere Voraussetzung ist ebenso wichtig: Sie müssen Freude daran haben, indem man ihnen vermittelt: Das, was ihr da macht, das ist einzigartig, das kann niemand anderer, das macht niemand anderer, und das ist wichtig. Dantendorfer: „Wenn der Sozialbegleiter den Kranken kennenlernt, und der ist nicht in der Lage, ihm in die Augen zu schauen vor lauter Angst und Zurückgezogenheit, er lebt in einer Wohnung in einem fürchterlichen Zustand, und es macht ihm nichts im Leben Freude, und nach ein oder zwei Jahren treffen sie sich im Kaffeehaus und nicht mehr in der Wohnung, und er ist in der Lage, sein Einkäufe selbst zu tätigen und allein ins Kino zu gehen – diese Entwicklung zu sehen, ich glaube, etwas Schöneres gibt es nicht."

Das ehrenamtliche Engagement hat sich in den letzten Jahrzehnten verändert. Die Ehrenamtlichen wollen bewusster von ihrer ehrenamtlichen Tätigkeit einerseits Sinnerfüllung erfahren, anderseits ganz praktisch irgendeine Art der Weiterqualifizierung oder der Erweiterung ihres Erfahrungshorizontes und ihrer Kompetenz. Daher bietet *pro mente* vermehrt Schulungen, Supervision usw. an. „Wir bestehen auf einem qualifizierten Ehrenamt. Der sozialpsychiatrische außerstationäre Bereich ist hochsensibel. Ich muss Menschen auf das vorbereiten, was sie später tun, sowohl zum Schutz der Klienten als auch zu ihrem eigenen Schutz", betont Geschäftsführer Wagner.

Eine weitere Veränderung betrifft die Altersstruktur: Der Anteil der älteren Ehrenamtlichen geht zurück, der Anteil der jüngeren nimmt zu. Verändert hat sich auch die Verweildauer, sie wird kürzer und dauert derzeit im Durchschnitt drei bis vier Jahre. Aber das Interesse lässt nicht nach. Ohne besondere Werbemaßnahmen stehen im Jahr 20 bis 30 neue Ehrenamtliche vor der Tür; ob sie eingesetzt werden können oder nicht, hängt von den Mitteln ab. Denn obwohl sie umsonst arbeiten, kosten die geringen Aufwandsentschädigungen, die Fortbildungen und die Supervisionen eine Stange Geld.

Geld und Wachstum

Die Mittel stagnieren, aber der Bedarf wächst mit Zuwachsrate von 40 Prozent pro Jahr – eine unglaubliche Schere. Dabei handelt es sich nicht um Neuerkrankungen, sondern um die vermehrte Öffentlichkeitswirksamkeit. Man weiß, dass es *pro mente* gibt, das ist in Wien spürbarer geworden. Die Hauptlast der sozialen Arbeit liegt in der öffentlichen Hand, aber in der ehrenamtlichen Arbeit ist *pro mente* einzigartig, das macht niemand sonst in diesem Ausmaß. Das Modell wird auch exportiert: In Graz wurde nach diesem Vorbild die Sozialbegleitung übernommen, es gibt Gespräche mit der großen Psychiatrischen Anstalt im tschechischen Jihlava, denn auch dort soll eine Keimzelle ehrenamtlichen Engagements entstehen. „Es ist ein attraktives Modell, das wir seit 40 Jahren betreiben", weiß Wagner. Das größte und nachhaltigste Problem einer psychischen Erkrankung ist die soziale Isolation. „Wir haben gute medizinische Versorgung, wir haben Therapie auf Krankenschein, wir haben den psychosozialen Dienst; aber psychisch zu erkranken heißt, in der Interaktion mit anderen Menschen maximal verunsichert und mit einem Stigma behaftet zu sein. Dadurch ziehen sich die Leute zurück und geraten an den Rand der Gesellschaft." Isolation passiert nicht im Spital und nicht im Amt, sondern im Berufs- und Privatleben, im Wohnbereich, und hier kann das Bindeglied auch nur ein privates sein, das kann kein bezahlter Psychologe machen.

Die Güteklasse einer Gesellschaft ist daran zu messen, wie es ihr gelingt, Gruppen, die am Rand stehen, zu integrieren. Psychisch Kranke sind die ersten, die den Anschluss verlieren. Psychische Erkrankungen entwickeln sich zur Hauptursache für Invaliditätspensionen – noch vor den Herz-Kreislauf-Erkrankungen. Rudolf Wagner: „Wenn es uns mit der Güteklasse unserer Gesellschaft ernst ist, dann müssen wir auch Mittel für die Integration ausgeben."

Michael Felten sieht den Ausweg in verstärktem Lobbying: „Politischer Wille, in diese Arbeit zu investieren, muss geweckt und gestärkt werden. Wir machen Veranstaltungen, reden mit den Leuten, initiieren einen gesellschaftlichen Meinungsbildungsprozess. Die Pressearbeit muss verstärkt, die Wirtschaft für Sponsoring gewonnen werden. Und man muss der einen oder anderen Stelle immer wieder lästig fallen.“ Tatsächlich ist es gelungen, Pharmafirmen für die Unterstützung des Urlaubs-Projekts „Atempause“ und für das Kulturprojekt „Sonnensegel“ hereinzuholen.

Der österreichische Armutsbericht zeigt, wie viele Menschen armutsgefährdet sind; nun leben aber 90 Prozent der KlientInnen von *pro mente* in Armut. Wenn schon ein Gesunder, der arm ist, keine Möglichkeit hat, sein Leben zu gestalten, dann erst recht, wenn eine psychische Erkrankung dazukommt. Felten dazu: „Dann sehe ich das als Auftrag, auf die Politik zu wirken, dass man Möglichkeiten schafft, diese Armut zu beseitigen – darum sind wir auch der Armutskonferenz beigetreten. Außerdem brauchen wir viel kreatives Potential, damit wir einerseits die Öffentlichkeit und die Politik darauf hinweisen, dass es ihre Verantwortung ist, sich diesen Ärmsten der Gesellschaft zu stellen, und damit wir anderseits mit der Wirtschaft in Kooperation kommen.“

Auch da gibt es verschiedene Sichtweisen. „Indem wir die Politiker bestürmen, zäumen wir das Pferd vielleicht von der verkehrten Seite auf“, befürchtet Elisabeth Muschik. „Politiker sind in einer fast ausweglosen Situation zwischen dem Volk, das sie wählen soll, und dem Kapital, das nicht wesentlich besteuert werden will.“ Also braucht es unermüdliche Motivation von NPOs aller Art. Denn es ist kaum möglich, dass *pro mente* von öffentlichem Geld unabhängig wird. „Wie soll das geschehen?“, fragt Muschik. „Das ist genau das Problem der Zukunft.“

Dantendorfer berichtet über die jüngsten Schwierigkeiten: „Wir haben in den letzten sechs Jahren sehr viel dazubekommen, die Gemeinde Wien war in dieser Zeit auch finanziell noch in einer besseren Situation und an einer Kooperation mit uns sehr interessiert, ist auch immer mit neuen Anfragen zu uns gekommen. Da war starkes Wachstum möglich, vor allem bei den Arbeitsprojekten und Wohngemeinschaften. Jetzt stößt aber das Sozialbudget an die finanziellen Grenzen. Nach wie vor schätzt die Gemeinde Wien unsere Angebote sehr, unterstützt sie die bestehenden Angebote, aber ein weiterer Ausbau, der sicherlich notwendig wäre, scheint nicht finanzierbar.“

Den größten finanziellen Anteil braucht das MAX. Als sozialökonomisches Beschäftigungsprojekt soll es Menschen mit psychischen Erkrankungen an einen normalen 40-Stunden-Wochen-Arbeitsrhythmus heranführen. Gerade bei Schwerkranken ist das extrem aufwendig. Das braucht einerseits eine funktionierende Betriebsstruktur als ganz normales Restaurant und Kaffeehaus, es braucht normales Personal, um das aufrechtzuerhalten, und dann noch professionelle psychologische, psychotherapeutische Unterstützung, sehr viel Supervision und zusätzlich auch Menschen, die sich damit beschäftigen, die Leute nach einem Jahr unterzubringen, wenn sie bei uns ausscheiden müssen. „Wobei die Zahlen extrem gut sind", freut sich Dantendorfer: „Wir bringen bis zu 80 Prozent nach einem Jahr in eine Beschäftigung im normalen Arbeitsmarkt."

Die Zukunft der Gesundheit

Gesundheit ist in den letzten Jahren immer mehr in den Blickpunkt öffentlichen Interesses gerückt. Das hängt mit den Fortschritten der Medizin ebenso zusammen wie mit den Rückschritten in der Finanzierung des Gesundheitssystems. Die Krankenkassen haben leere Kassen, die Selbstbehalte werden erhöht, und die Frage, ob sich teure Behandlungen bei älteren Menschen „noch lohnen", ist zu einer peinlichen ethischen Streitfrage geworden. Eine kurzsichtige Politik scheut sich, in die Vorbeugung zu investieren, weil es ja sein könnte, dass sie vor Krankheiten schützt, die vielleicht gar nicht ausgebrochen wären. Trotzdem haben die öffentlichen Debatten einen wichtigen Effekt gehabt: Man denkt nicht mehr nur über Krankheit nach, sondern über Gesundheit. Dazu kommt, dass die allmähliche Abnahme der Stigmatisierung von psychisch Kranken den Abstand zwischen „Normalen" und „Kranken" verkleinert. Die wachsende Bereitschaft, Psychotherapie in Anspruch zu nehmen, tut ein Übriges. Heute weiß jeder und jede, dass Verwirrung, Stimmungsschwankungen und Depression auch den angeblich gesunden Menschen befallen können, und dass es oft nur eine Frage des Ausmaßes ist, ob daraus eine echte psychische Erkrankung entsteht, die ärztlich behandelt werden muss.

pro mente hat diese neue Situation wahrgenommen und widmet sich über die bisherigen Arbeitsgebiete hinaus mehr der Prävention. Dazu gehören die Ausbildungsgänge in der *pro mente*-Akademie und das Projekt „Psychische Gesundheit am Arbeitsplatz". „Reden wir nicht nur von Krankheit – wer hört das schon gern; reden wir von der Gesundheit, die jeder Mensch bewahren will – und von den Gefahren, die sie bedrohen." Da steht an vorderster Stelle die

Arbeitswelt, der Stress, den sie erzeugt, die Angst vor Jobverlust und eine besondere Stigmatisierung, die erst abgebaut werden muss: die Arbeitslosigkeit, die in eine ebensolche soziale Isolation führt wie eine psychische Erkrankung.

Die Rahmenbedingungen sind nicht ideal. Die politischen Konzepte gegen die Arbeitslosigkeit versagen international. Die EU richtet ihre Programme im Sinne der Lissabonstrategie aus und will das Wirtschaftswachstum forcieren, auch wenn es auf Kosten des europäischen Sozialmodells geht. Elisabeth Muschik, die *pro mente* Austria bei Mental Health Europe in Brüssel vertritt, setzt sich für eine Gleichwertigkeit von Sozial- und Wirtschaftspolitik ein. Immer noch hat die Wirtschaftspolitik Vorrang, Sozialpolitik wird als ein Appendix gesehen, auch wenn NPOs massiv dagegen ankämpfen. Das kann nicht ohne Folgen auch für den Einzelnen bleiben: „Das Thema seelische Beschwernis wird ein massives Thema in der Gesellschaft werden."

Die Verschiebung zum Vorrang der Wirtschaft erzeugt erst recht den Bedarf an sozialer Unterstützung. „Wir erzeugen Situationen, wo Leute, die aus der Arbeit fallen, weil sie den 50er anpeilen, in der Früh immer noch in den Zug steigen und von Niederösterreich nach Wien fahren, wie seinerzeit, als sie Berufspendler waren. Leute, die so tun, als ob sie zur Arbeit fahren und am Abend wieder heimfahren. Und irgendwann schmeißt sie die Frau hinaus und sie liegen bei uns im Park – das kann's ja nicht sein." Und Muschik erzählt ein konkretes Beispiel: „Wir haben hier einen Briefträger, der ist studierter Betriebswirtschafter und ist zwischen 45 und 50 aus dem Job gefallen und geht als Briefträger. Er muss einen guten Job gehabt haben, ich habe noch nie einen so wohlerzogenen, gebildeten Briefträger erlebt. Irgendwas wollt ich halt doch tun, sagt er. Er hat sich noch selbst gefangen, und trotzdem, wenn du feinhörig bist, wenn er den Mund aufmacht, kannst du hören, dass hier ein Bruch in der Geschichte passiert ist."

Niemand kann sich freuen, dass *pro mente* eine wachsende Klientel haben wird. „Ich sehe, dass *pro mente* gebraucht, wirklich gebraucht wird", sagt Muschik, „und gleichzeitig wünsche ich mir, es wäre nicht so, und wiederum gleichzeitig weiß ich, wir werden nicht die Mittel bekommen, um den Menschen zu helfen, die bei uns in der Warteschlange stehen, um in eine Wohngemeinschaft, in Sozialbegleitung oder auch nur in eine Selbsthilfe- oder Freizeitgruppe zu kommen."

Und das ist ihr Resümee: Wenn sich Politik nicht durchringt, neue Rahmenbedingungen festzuschreiben, dann könne sich die Idee von *pro mente* nur schwer weiterentwickeln. Zu diesen Rahmenbedingen gehören Grundeinkommen, Kinderbetreuung, flexibleres Verbleiben im Beruf und jede Art von basaler Absicherung. Wenn aber solche Rahmenbedingungen geschaffen werden, dann glaubt Elisabeth Muschik an eine gute Zukunft für *pro mente*. „Dann nämlich könnten wir Menschen, die ein Stück Freizeit erwirtschaften, die am so genannten normalen Arbeitsmarkt keinen Job finden, eine sinnvolle Betätigung bieten."

Bis es so weit ist, sagt Karl Dantendorfer, „müssen wir den führenden Leuten in der Wirtschaft klar machen, dass psychische Gesundheit im Betrieb kein Schaden für den Betrieb ist, sondern eher ein Nutzen. Denn im neoliberalen Wirtschaftssystem wird mit den Leuten nicht unbedingt menschenfreundlich umgegangen." Und er ist optimistisch: „Wir müssen für die Zukunft diesen besonderen Geist, den es bei uns gibt, erhalten: diese mit Begeisterung von freiwilligen Mitarbeitern getragene Idee, die *pro mente* Wien auszeichnet. Ich würde mir wünschen, dass das noch einmal 40 Jahre weitergeht."

9 Alles, was Sie über *pro mente* wissen müssen

pro mente Wien ist nun seit vier Jahrzehnten ein Partner für Menschen mit psychischen Erkrankungen, für deren Angehörige und Menschen, die in irgendeiner Art mit psychischer Erkrankung in Berührung kommen, sei es beruflich oder privat. Dass die Vorurteile gegen psychisch erkrankte Menschen weniger werden, unterstützt *pro mente* mit aktiver Öffentlichkeitsarbeit.

Um mit *pro mente Wien* in Kontakt zu kommen, finden Sie im Folgenden ein Organigramm des Vereins, alle Ansprechpersonen mit Namen und Bild, Adressen und Telefonnummern, sowie noch einmal eine Kurzdarstellung der einzelnen Arbeitsgebiete. Noch ausführlicher und jeweils aktualisiert finden Sie diese Informationen auf der Website www.promente-wien.at Dort sind auch alle Termine und Aktionen der laufenden Arbeit verzeichnet.

pro mente Wien: Aufbau und Gliederung des Vereins

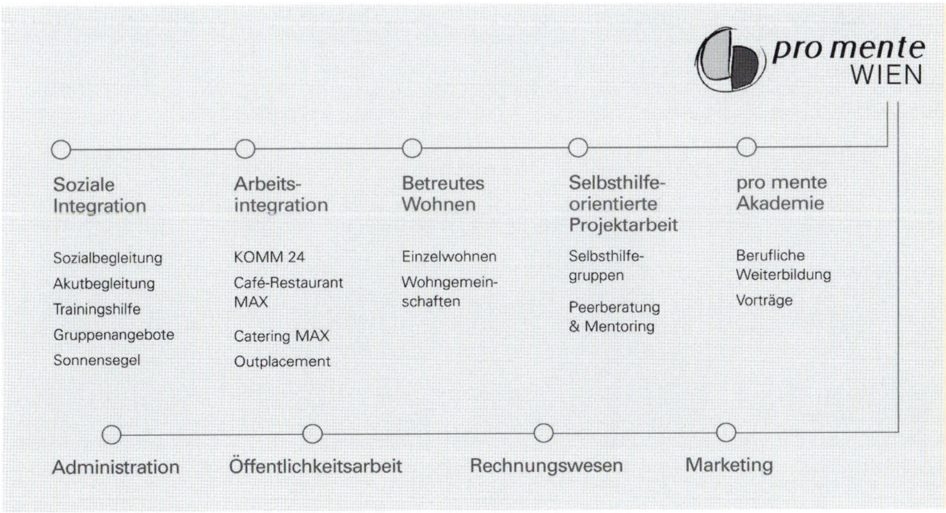

Univ.Prof.
Dr. Karl Dantendorfer
Obmann

DAS pro mente TEAM
Grüngasse 1a, 1040 Wien,
Telefon: +43 / 1 / 513 15 30-0
e-mail:
vorname.zuname@promente-wien.at
Stubenring 16, 1010 Wien,
Telefon: +43 / (0)1 / 512 47 13-13

CAFÉ-RESTAURANT MAX
Stubenring 16, 1010 Wien,
Telefon: +43 / (0)1 / 513 08 91
cafe@restaurant-max.at

CATERING MAX:
Telefon: +43 / (0)1 / 512 47 13
office@restaurant-max.at

KOMM 24
Otto Wagner Spital, Pavillon 24,
Baumgartner Höhe 1, 1140 Wien,
Telefon: +43 / (0)1 / 910 60-14329

SONNENSEGEL
Preßgasse 28, 1040 Wien
Grzechowiak
Telefon: +43 / (0)664 / 811 91 91

Dr. Rudolf P. Wagner
Geschäftsführer

Michael Felten, MAS
Geschäftsführer

Mag. Ernestine Löschenkohl
Leiterin Rechnungswesen / Administration

Mag. Birgit Lurz
Projektleiterin Sonnensegel

Gerhard Oberenzer
Peerleiter Selbsthilfeorientierte Projektarbeit

Thomas Wick
Fachbereichsleiter Arbeit

Mag. Andreas Schwab
Akademieleiter

Mag. Bettina Arbesleitner
Leiterin Sozialbegleitung Ehrenamt

Mag. Alexandra Stockinger
Leiterin Betreutes Wohnen

Renate Gach
Leiterin Trainingshilfe, Beratungsstelle

Karoline Schmidl
Leiterin Freizeitgruppen

Mag. Donat Grzechowiak
Künstlerischer Leiter Sonnensegel

DER VORSTAND VON *pro mente WIEN*

OBMANN
Univ. Prof. Dr. Karl Dantendorfer

STELLVERTRETERIN DES OBMANNS
Dr. Andrea Mayrhofer

STELLVERTRETER DES OBMANNS
Dr. Wolfgang Preinsperger

WEITERE VORSTANDSMITGLIEDER
Mag. Dr. Helga Wagner
Elisabeth Muschik
Dr. Hemma Swoboda
Mag. Gerhard Wanek

FACHBEIRAT
Leiter Prim. Univ. Prof. Dr. Michael Musalek

SOZIALE INTEGRATION
Maßnahmen gegen die Isolation

Dieser Bereich beinhaltet Kontakt- und Beziehungsangebote der Einzelbetreuung (Sozialbegleitung, Trainingshilfe) sowie Gruppenangebote (Freizeitgruppen) für psychisch erkrankte, volljährige Personen. Die Angebote betreffen die Alltagsbewältigung und Freizeitgestaltung mit dem Ziel, die Lebensqualität zu verbessern, und sind für KlientInnen bis auf wenige Ausnahmen kostenfrei.

Sozialbegleitung
von Menschen mit Psychiatrieerfahrung ist die bewährte Grundidee von *pro mente*. Sie ist zeitlich unbegrenzt und wird gewährt, solange sie der Klient/die Klientin braucht. SozialbegleiterInnen arbeiten ehrenamtlich.

Ehrenamt
Ehrenamt hat in der *pro mente* Wien lange Tradition und ist ein wesentlicher Beitrag sozialer Integration von psychisch erkrankten Menschen. Seit Gründung sind ehrenamtliche MitarbeiterInnen in der Einzelbetreuung von psychisch erkrankten Personen tätig. In diesem Zeitraum wurden rund 640.000 Betreuungsstunden von freiwilligen SozialbegleiterInnen erbracht!
Ansprechparterin: Mag. Bettina Arbesleitner, Grüngasse 1a, 1040 Wien,
Telefon +43 (0)1 / 513 15 30, bettina.arbesleitner@promente-wien.at

Trainingshilfe
bietet nach langem oder wiederholtem stationären Aufenthalt in der Psychiatrie auf ein Jahr gezieltes Training für den Wiedereinstieg in den Alltag.
Ansprechpartnerin: Renate Gach, Grüngasse 1a, 1040 Wien,
Telefon +43 (0)1 / 513 15 30, renate.gach@promente-wien.at

Atempause
Das Urlaubsprojekt „Atempause" bietet Menschen mit psychischen Erkrankungen die Möglichkeit, aus dem Alltag auszusteigen und mit psychosozialer Begleitung Urlaub zu machen.
Ansprechpartnerin: Mag. Livia Braza, Grüngasse 1a, 1040 Wien.
Anmeldung: per Post an *pro mente* Wien, Grüngasse 1 a, 1040 Wien.
Fax: +43 (0)1 513 15 30-350.

Diese Angebote werden gefördert vom Fonds Soziales Wien und der Magistratsabteilung 15 der Stadt Wien.

GRUPPENANGEBOTE: Leben lernen in der Freizeit

Die *pro mente*-Gruppenangebote umfassen Freizeitaktivitäten und kreatives Gestalten und können von KlientInnen und SozialbegleiterInnen genützt werden. Die Gruppen treffen sich zum Teil in der Grüngasse, zum Teil im MAX oder im „Sonnensegel", Kochgruppe und Keramikwerkstatt auch im Regenbogenhaus im 14. Bezirk, die Schreibwerkstatt bei den Wiener Werkstätten im 4. Bezirk. Die Örtlichkeiten können allerdings je nach Platzbedarf wechseln. Die Gruppenangebote bieten den Betroffenen die Möglichkeit, soziale Kontakte zu pflegen, Freizeit selbst zu gestalten und verschiedene Aktivitäten zu erlernen oder diese zu professionalisieren.

Freizeitgruppe › jeden 1. und 3. Sonntag im Monat von 15:00 Uhr bis 18:00 Uhr
Bewegung mit Musik › jeden Montag von 17:00 Uhr bis 18:00 Uhr
Kochgruppe › jeden Dienstag von 11:00 Uhr bis etwa 14:00 Uhr

Schreibwerkstatt › Freitag, 14-tägig von 13:00 Uhr bis 15:00 Uhr
Musik liegt in der Luft (Groove department) › jeden Montag von 17:00 Uhr bis 19:00 Uhr
Textiles Gestalten › jeden Dienstag von 16:00 Uhr bis 18:00 Uhr
Wandergruppe › monatlich, nach Ausschreibung

Bildung und Kultur › Termine nach Ausschreibung
Kreativhöhle (Malerei) › jeden Montag und Mittwoch von 16:00 Uhr bis 18:00 Uhr
Keramikwerkstatt › jeden Dienstag von 16:00 Uhr bis 18:00 Uhr
› jeden Dienstag von 11:00 Uhr bis 13 :00 Uhr
Freude am Tanzen › jeden Donnerstag von 16:30 bis 18:30 Uhr
Theaterspielen › jeden Dienstag von 14:30 Uhr bis 16:30 Uhr
Singgruppe › jeden Montag von 14:45 Uhr bis 16:45 Uhr
Teeclub › jeden Mittwoch von 15:00 Uhr bis 17:00 Uhr

Ansprechpartnerin ist Frau Karoline Schmidl, Grüngasse 1a, 1040 Wien. Anmeldungen per Telefon +43(0)1 / 513 15 30, karoline.schmidl@promente-wien.at

Diese Angebote werden gefördert vom Fonds Soziales Wien und der Magistratsabteilung 15 der Stadt Wien.

TEILBETREUTES WOHNEN:
Nicht allein und doch zu Hause

Die Zielgruppe sind Menschen im Alter von ca. 20 bis 35 Jahren, die aufgrund einer psychischen Beeinträchtigung oder nach einer akuten psychiatrischen Erkrankung das Beziehungsangebot und das geschützte Setting einer Wohngemeinschaft benötigen.

Die Zielsetzung umfasst die Förderung und Unterstützung:

- bei der Erarbeitung individueller Lebensentwürfe,
- beim Aufbau und Erhalt einer aktiven Lebensgestaltung,
- beim Erwerb der Fertigkeiten des täglichen Lebens,
- beim Aufbau und Erhalt eines sozialen Umfeldes,
- beim Erarbeiten von Strategien zur Krankheitsbewältigung und Krisenprävention,
- bei der Organisation des Haushaltes und gemeinschaftlichen Lebens,
- bei der Beziehungsgestaltung und Lösung von Problemen.

Ansprechpartnerin: Mag. Alexandra Stockinger, Grüngasse 1a, 1040 Wien, Telefon +43 (0)1 / 513 15 30, alexandra.stockinger@promente-wien.at

Diese Angebote werden gefördert vom Fonds Soziales Wien aus den Mitteln der Wiener Behindertenhilfe.

SELBSTHILFEORIENTIERTE PROJEKTARBEIT:
Einander Hilfe sein

Das Hauptziel der *pro mente Wien* Selbsthilfe ist die Förderung des Empowerments und die Stärkung des Selbstwertes psychisch erkrankter Menschen durch verschiedene Angebote.
Die Prinzipien der Freiwilligkeit, Eigenverantwortlichkeit, Gleichberechtigung und Gegenseitigkeit stehen dabei im Mittelpunkt der gemeinsamen Arbeit. Die Teilnahme ist kostenlos. Das derzeitige Angebot umfasst Selbsthilfegruppen zu verschiedenen Themen:

- **Alkoholprobleme** (Leitung: Dr. Ernst Kostal)
- **Angst und Depression** (fünf Parallelgruppen; Leitung: Friederike Amouzandeh, Silvia Ballauf, Margarete Kindermann, Erna Koschi, Susanne Schulze)
- **Stimmen hören** (Leitung: Heinz Kellner)
- **Manisch-depressive Erkrankungen „Sturzflieger"** (Leitung: Rita Eder)
- **Sozialphobie** (Leitung: Gorica Cvetkovic)

Ansprechpartner: Peerleiter Gerhard Oberenzer, Telefon +43 (0)1 / 513 15 30, gerhard.oberenzer@promente-wien.at
Grüngasse 1a, 1040 Wien

Diese Angebote werden gefördert vom Fonds Soziales Wien aus den Mitteln der Wiener Behindertenhilfe.

ARBEITSINTEGRATION: Wiedereinstieg in den Beruf

pro mente Wien bietet Beschäftigungsprojekte an, die Menschen mit psychischen Erkrankungen vorsichtig und betreut soweit rehabilitieren, dass sie wieder Chancen auf dem freien Arbeitsmarkt haben.

KOMM 24
pro mente Wien bietet in diesem Bereich berufliche Rehabilitation in einem niederschwelligen Angebot für erste Schritte der Arbeitserprobung im KOMM24.
Ansprechpartnerin: Mag. Doris Schenkenberger, Telefon: +43 (0)664 / 811 91 78
doris.schenkenberger@promente-wien.at
Dieses Angebot wird gefördert vom Fonds Soziales Wien aus den Mitteln der Wiener Behindertenhilfe.

Café-Restaurant MAX
Im Bereich der beruflichen Reintegration bietet *pro mente Wien* in Zusammenarbeit mit dem AMS das Projekt Café-Restaurant MAX als sozialökonomisches Beschäftigungsprojekt im gastronomischen Bereich an: Gut essen und trinken an der Ringstraße, ein kompetentes und freundliches Service, moderate und angemessene Preise, Tageszeitungen. Hintergrundmusik, behindertengerechte Einrichtung. Akzeptiert werden: EC, Visa, MasterCard/EuroCard. Stubenring 16, 1010 Wien, Telefon: +43 (0)1 / 513 08 91, cafe@restaurant-max.at, www.restaurant-max.at

Catering MAX
Köstliche Auswahl an Büffets, Menüs, Fingerfood und Komplettservice. Ob private Feiern, Gala-Abende oder außergewöhnliche Events: Catering MAX garantiert Zuverlässigkeit und Qualität (für Wien-Stadt und Umgebung)! Das Catering MAX Team ist darauf spezialisiert, Gäste mit Gaumenfreuden-Vielfalt und Service-Dienstleistung zu verwöhnen. Telefon: +43 (0)1 / 512 47 13, office@restaurant-max.at, www.restaurant-max.at

Informationen über Arbeitsintegration für BewerberInnen
Stubenring 16, 1010 Wien, Telefon: +43 (0)1 / 512 47 13 – 16
Ansprechpartnerin: Mag. Sigrid Burgstaller
sigrid.burgstaller@promente.wien.at

Outplacement
Die MitarbeiterInnen aus den Arbeitsprojekten werden für den Einstieg in den normalen Arbeitsmarkt beraten und vermittelt. Ansprechpartnerin ist Elisabeth Baxewanos, Grüngasse 1a, 1040 Wien, Telefon: +43 (0)1 / 512 47 13 – 14, elisabeth.baxewanos@promente-wien.at

Diese Angebote werden gefördert vom Arbeitsmarktservice Wien, dem Bundessozialamt Wien und dem Europäischen Sozialfond.

SONNENSEGEL: Heilkraft der Kreativität

ist ein völlig neuartiger Versuch, psychische Erkrankung zu thematisieren, um Ängste und Vorurteile abzubauen. Die kulturellen Angebote des Projekts sind unterstützende Maßnahmen zur Motivation der Selbstständigkeit der Betroffenen. Verschiedene Freizeitgruppen (siehe oben) treffen sich in den Räumen des „Sonnensegel" und sind ein Teil der sozialen Integration. Die Ziele des Projekts „Sonnensegel" sind

- Stärkung und Befähigung von psychisch erkrankten Erwachsenen,
- Entstigmatisierung der psychischen Erkrankungen und deren Protagonisten,
- Aktivitäten zur Integration von psychisch erkrankten Erwachsenen,
- regelmäßige Nutzung als offener Kulturraum für Veranstaltungen aller Art,
- kompetenter Anbieter für die Verknüpfung von Kunst und Sozialem.

Die Sonnensegel Galerie ist Platz für Kunst in der Überschneidung von krank und gesund.
Das Sonnensegel Atelier ist ein kreatives Milieu. Ein Ort, wo Genesung unterstützt wird und die psychisch erkrankten KünstlerInnen eigenständig arbeiten. Aufnahmevoraussetzung ist ein Aufnahmegespräch mit dem künstlerischen Leiter Mag. Donat Grzechowiak: Preßgasse 28, 1040 Wien,
Telefon: +43 (0)664 / 811 91 91, donat.grzechowiak@promente-wien.at

Die Veranstaltungen im Sonnensegel sind der Überscheidungspunkt der verschiedenen Aktivitäten. So entsteht ein Ort, wo Menschen einander begegnen können und andere Realitäten erfahren. Ansprechpartnerin: Mag. Birgit Lurz, Grüngasse 1a, 1040 Wien, Telefon +43 (0)1 / 23 66 406, +43 (0)664 / 811 92 03, birgit.lurz@promente-wien.at

Das Sonnensegel wird unterstützt von Eli Lilly, Bank Austria-Creditanstalt, Magistratsabteilung 15 – Gesund in Wien, Verband Wiener Volksbildung.

pro mente AKADEMIE: Bildung für Gesundheit

Die *pro mente* Akademie organisiert für MitarbeiterInnen im Sozial- und Gesundheitsbereich berufliche Aus-, Fort- und Weiterbildungsveranstaltungen. In staatlich anerkannten Berufsausbildungen, Diplomlehrgängen, Seminaren, Workshops und Vorträgen entwickeln unsere KundInnen praxisnah – begleitet durch ausgewiesene ExpertInnen – Lösungen für ihren beruflichen Erfolg. Ein effizientes und kundenfreundliches Bildungsmanagement sichert den professionellen Ablauf der Veranstaltungen.

BERUFSAUSBILDUNGEN

Mediation im Sozial- und Gesundheitsbereich › Theoretisches Wissen und rechtliche Kenntnisse sowie die Handlungskompetenz, um eigenverantwortlich als MediatorIn tätig zu werden: Qualifikation, um in die „Liste der eingetragenen MediatorInnen" des Bundesministeriums für Justiz aufgenommen zu werden.

Diplomlehrgang für Lebens- und Sozialberatung › Schwerpunkte in personzentrierter Beratung, Gestaltberatung und systemischer Beratung; Einstieg jederzeit möglich.

Psychotherapeutisches Propädeutikum › Das Propädeutikum ist eine ideale Zusatzausbildung für die Arbeit im Sozial- und Gesundheitsbereich und notwendige Voraussetzung für eine spätere psychotherapeutische Fachausbildung.

LEHRGÄNGE

Lehrgang für Sexualberatung › Der Lehrgang erweitert die Kompetenz und vermittelt die für den Umgang mit Betroffenen erforderlichen Kenntnisse zur Sexualberatung.

Lehrgang Ressourcenorientierte Beratung › Grundlagen von ressourcenorientierter Beratung im sozialpsychiatrischen Feld, Anforderungen der Kompetenzberatung und Ressourcen aktivierende Methoden.

Führungskräftewerkstatt › Projektmanagement, Changemanagement, Qualitätsmanagement, Rollengestaltung bei Führungskräften.

Lehrgang Systemische Interventionsformen › Grundhaltungen systemischen Arbeitens, systemische Interviewtechniken, systemische Aufstellungen, paradoxe und provokative Interventionen.

Lehrgang für Lebens-, Sterbe- und Trauerbegleitung › Der Lehrgang Lebens-, Sterbe- & Trauerbegleitung entspricht den Richtlinien des Dachverbandes Hospiz Österreich.

Diplomlehrgang Sozialmanagement › Grundzüge des sozialen Managements, Kostendruck, Marketing, Veränderungsmanagement.

SEMINARE UND WORKSHOPS

Umgang mit schizophrenen PatientInnen › Umgang mit der Symptomatik, Aktivitäten des täglichen Lebens, Biographie und Selbstwert, Problemfelder, Fallbeispiele und Übungen.

Umgang mit älteren schizophrenen Menschen › Negativsymptomatik der Schizophrenie in Kombination mit dementiellen Anteilen; Betreuungsprobleme; Biographiearbeit, Sinnfrage, Suizidalität; Aufzeigen von Lösungen.

Borderline Persönlichkeitsstörungen › Problematik der BorderlinepatientInnen, Agieren und Reagieren, Selbst- und Fremdverletzung, Schutzmechanismen für das Team, Betreuungsmöglichkeiten.

Kaufen – Horten – Sammelwahn › Kennenlernen des „Syndroms Sammelwahn" in seiner Pathologie und den Behandlungsmöglichkeiten.

Skillstraining › Störung der Affektregulation, therapeutisches Konzept, Posttraumatische Belastungsstörungen, Borderline-Störungen, Selbstschädigende Verhaltensweisen, Skills- (Fertigkeiten-) training.

Methodische Ansätze in der Sozialpsychiatrie › Es werden Methoden vorgestellt und auf die Tauglichkeit im Feld überprüft. Im Mittelpunkt stehen Methoden der Kompetenzförderung und -erhaltung.

Selbstverletzendes Verhalten bei Frauen › Anschauliche Vorstellung wissenschaftlicher und klinischer Erkenntnisse zum Phänomen der Selbstverletzung. Erklärungsansätze und Konsequenzen.

Medikamente in der Sozialpsychiatrie › Geschichte der Psychopharmakologie, Gruppen von Psychopharmaka, Wirkungsweisen, Nebenwirkungen, Stellenwert der Psychopharmaka, Psychodynamik psychotroper Medikation.

Persönlichkeitsstörungen › Leiden an der eigenen Persönlichkeit, Belastung der Angehörigen und Bezugspersonen, eigene Grenzen und belastende Verhaltensmuster, Diagnostik.

Grenzen.Los - Umgang mit Grenzverletzungen und Übergriffen › Umgang mit Grenzen und Grenzverletzungen, Überschreitungen und Übergriffe, Grenzen erkennen und setzen, persönliche Nähe vs. professionelle Distanz.

Roletaker or Rolemaker? › Bewusste Beschäftigung mit unterschiedlichen Rollenaspekten und Wege von einer Rollenübernahme hin zu einer aktiven Rollengestaltung.

Wie finden neue KlientInnen zu Lebens- und SozialberaterInnen? › Über Möglichkeiten, potentielle KlientInnen zu erreichen, die bis jetzt nicht erreicht werden konnten.

Projektmanagement › Professionelles Projektmanagement in NPOs, effizientes Projektmarketing, die Rolle der Projektleitung, Konfliktlösungen in Projekten.

Changemanagement in NPOs › Ohne Ziel kein Veränderungsprojekt, Organisation und Veränderung, Dynamik des Wandels, Organisation und Widerstand, Erfolgsfaktoren des Veränderungsmanagements.

Qualitätsentwicklung nach Maß- und Qualitätsstandards › Vor- und Nachteile von Qualitätsmanagementsystemen, Qualitätsstandards entwickeln, Moderationen durchführen, Methodenkenntnisse für nachhaltige Qualitätsentwicklung.

Intensivseminar Selbstwert › Zeichen für psychische Gesundheit, labiler Selbstwert als Alarmsignal, Begleitsymptomatik aller psychischen Auffälligkeiten, Erreichen eines stabilen Selbstwerts.

Aufbauseminar Selbstwert › Eigener Selbstwert, Handlungsperspektiven, Impulse für mehr Zufriedenheit, Förderung der Selbstakzeptanz, Akzeptanz anderer.

VORTRÄGE IN DEN VOLKSHOCHSCHULEN SIMMERING UND LANDSTRASSE

über Depression, Schizophrenie, Burnout, Selbstverletzendes Verhalten bei Frauen und über Psychosoziale Gesundheit.

pro mente AKADEMIE - BERATUNG

Beratungsstelle zur Förderung der psychischen und sozialen Gesundheit. In Beratungsgesprächen kann die Situation geklärt und ein Weg gefunden werden, wie es zu einer Änderung kommen kann. Oft ist es hilfreich, wenn Familienmitglieder oder andere wichtige Personen am Gespräch teilnehmen.

In der Akademie stehen kompetente Ansprechpartner zur Verfügung,

- wenn bei persönlichen oder beruflichen Problemen kein Ausweg mehr zu sehen ist,
- wenn das Gefühl hochkommt, mit der Umwelt nicht mehr zurechtzukommen,

- wenn Sorge um die Gesundheit eines Familienmitgliedes, Freundes oder Kollegen besteht.

Ansprechpartner ist der Leiter der Akademie,
Mag. Andreas Schwab, Grüngasse 1a, 1040 Wien, Telefon +43 (0)1 / 513 15 30,
andreas.schwab@promente-wien.at

SPENDEN – FÖRDERN – HELFEN

Wenn Sie unsere Arbeit mit einer Spende unterstützen wollen, haben Sie verschiedene Möglichkeiten. Wählen Sie aus den angegebenen Aktivitäten und erfahren Sie mehr über den weiteren Ablauf. Mit Ihrer Spende helfen Sie die Arbeit von *pro mente* Wien zu stärken.
BA-CA, lautend auf *pro mente* Wien, Bankleitzahl 12000,
Kontonummer 00643 042 708.

Patenschaften

Für spezielle Bereiche von *pro mente Wien* haben Sie die Möglichkeit, mit einer Unterstützung Patenschaften für gewisse Zeit zu übernehmen. Mit Hilfe vieler Patenschaften können wir neue Initiativen starten und mehr Hilfestellungen anbieten.

Sponsoring

pro mente Wien bietet Unternehmen verschiedene Möglichkeiten zu Kooperationen, um ihre Interessen im Sozialbereich umzusetzen. Mit *pro mente Wien* als Partner unterstützen Sie in der Gesellschaft verantwortungsvolle Integration und die Förderung von Menschen, die bedingt durch Erkrankungen verstärkte Aufmerksamkeit benötigen.

Feiern und fördern

Das Abstellkammerl ist voll mit nie verwendeten Geschenken. Fordern Sie Ihre Nächsten auf, anstelle von Geschenken Geld zu geben. Einfache Euros und Ihre Feier hilft – bei Geburtstagsfeiern, Hochzeiten, Jubiläen und vielem mehr. Planen Sie mit uns, wofür Sie bei Ihrer Feier sammeln möchten. Sicher ist, dass es Menschen helfen wird.